SEGREDOS DE UM ESPIÃO QUE PODEM SALVAR SUA VIDA

Título original: *Spy Secrets that Can Save your Life*

Segredos de um espião que podem salvar sua vida

1ª edição: Fevereiro 2025

Autor:
Jason Hanson

Tradução:
Deborah Stafussi

Preparação de texto:
Marina Montrezol

Revisão:
Gabriel Silva
Rebeca Michelotti

Projeto gráfico e diagramação:
Luisa Tavares

Capa:
Dimitry Uziel

Impressão:

Plena Print

DADOS INTERNACIONAIS DE CATALOGAÇÃO NA PUBLICAÇÃO (CIP)

Hanson, Jason
Segredos de um espião que podem salvar sua vida : técnicas para preservar o seu patrimônio e a sua vida em um mundo inseguro / Jason Hanson ; tradução de Deborah Stafussi.
— Porto Alegre : Citadel, 2025.
288 p.

ISBN: 978-65-5047-579-6
Título original: Spy Secrets that Can Save your Life

1. Sobrevivência 2. Defesa pessoal 3. Gestão de emergências
I. Título II. Stafussi, Deborah

25-0145 CDD 613.69

Angélica Ilacqua - Bibliotecária - CRB-8/7057

Produção editorial e distribuição:

CITADEL Grupo Editorial

contato@citadel.com.br
www.citadel.com.br

JASON HANSON
Autor best-seller do *The New York Times*

SEGREDOS DE UM ESPIÃO QUE PODEM SALVAR SUA VIDA

***

Técnicas para preservar o seu patrimônio e a sua vida em um mundo inseguro

tradução Deborah Stafussi

CITADEL
Grupo Editorial

2025

SUMÁRIO

SEGREDOS DE UM ESPIÃO

INTRODUÇÃO

As pessoas normalmente me perguntam por que eu entrei para a CIA. A verdade é que, ao olhar para minha infância, isso faz total sentido. Enquanto outros estavam correndo atrás de garotas, eu estava correndo pela floresta com uma BB *gun* (ou construindo um lançador de batatas com um cano de PVC). Eu também passei muito tempo nos escoteiros e depois me tornei um Eagle Scout. Se estivesse relacionado a aventura, sobrevivência ou estar preparado e alerta, me atraía. Quando fiquei mais velho, eu percebi que nunca quis um emprego normal de escritório, e meu primeiro trabalho após a faculdade foi como policial. Pouco tempo depois, tanto a CIA quanto o Serviço Secreto me ofereceram um emprego. Eu imaginei que a CIA seria mais interessante, então aceitei a oferta.

Quando entrei para a CIA em 2003, nunca imaginei que essas mesmas táticas que usava como agente da CIA para contravigilância, vigilância e proteção para o pessoal da agência poderiam ser úteis para a vida civil cotidiana. Por causa do meu treinamento de elite, fui abençoado com muitas habilidades únicas. Consigo escapar de algemas em segundos, abrir uma fechadura com tranquilidade, fazer ligação direta em um carro, usar a engenharia social para conseguir o que eu quero e saber quando alguém está mentindo. Sou capaz de improvisar uma arma, embalar um kit de emergência perfeito e até desaparecer do mapa se for preciso. Também consigo determinar se estou sendo seguido, avaliar encontros perigosos em potencial com possíveis agressores e manter a mim mesmo e a minha família a salvo, tanto em casa quanto viajando. Algumas dessas habilidades são necessidades diárias, enquanto outras entram em jogo com muita frequência e são mais destinadas ao seu "espião interior". Mas todas elas podem salvar, e de fato salvam, vidas. Eu quero compartilhar essas habilidades com você porque, embora eu torça para que você nunca esteja em uma situação de perigo, você pode ser a próxima pessoa a ser salva por essas informações.

Desde que deixei a CIA para me tornar empreendedor e iniciar uma família, tem sido minha missão compartilhar minhas técnicas salva-vidas com outras pessoas. Minha paixão por segurança pessoal me levou a abrir minha própria escola de treinamento, a Spy Escape and Evasion, em 2010. Após muitos anos bem-sucedidos ensinando essas técnicas para milhares de pessoas ao redor do mundo, incluindo CEOs, celebridades, especialistas em segurança, indivíduos com alto valor de patrimônio líquido, mães donas de casa e estudantes universitários, eu percebi que era o momento de dividir essa informação com o maior número possível de pessoas que estão interessadas em manter a si mesmas e suas famílias a salvo. É minha esperança que o *Segredos de um espião que podem salvar sua vida* vá lhe mostrar que você não precisa ser um agente de inteligência para ficar seguro em um mundo incerto. Eu, com sucesso, já ensinei minhas técnicas de fuga e evasão para milhares de pessoas por meio dos meus cursos divertidos e intensivos. Meus segredos de espião ajudaram pessoas comuns a escapar de sequestros, interromper invasões a residências, impedir assaltos e evitar roubos de veículos. Aqui estão algumas formas pelas quais esses métodos salvaram vidas:

Amy O., da Virgínia, sabia exatamente o que fazer quando percebeu que estava sendo seguida na pista de corrida perto de sua casa.

Jared L., de Las Vegas, sabia exatamente o que fazer quando foi ameaçado em um elevador, em um estacionamento.

Dan P., de Los Angeles, compartilhou que, após fazer meu curso, ele conseguiu evitar se ferir quando um homem nervoso e ameaçador se aproximou de seu carro perto do aeroporto.

Gary S., o vice-presidente de uma empresa, que viaja durante onze meses no ano, evitou duas tentativas isoladas de assalto na China.

Heather M., de Sarasota, Flórida, conseguiu fugir utilizando sua caneta tática quando dois homens tentaram sequestrá-la em um posto de gasolina.

Dennis R., do Texas, conseguiu sobreviver a uma violenta invasão em sua casa utilizando as táticas ensinadas em meu curso de fuga e evasão.

Esses indivíduos sobreviveram a situações potencialmente perigosas ou ameaçadoras porque sabiam exatamente o que fazer. Eles reagiram utilizando as diversas táticas dos meus cursos e evitaram que se tornassem vítimas de crimes violentos. É meu objetivo que, após ler este livro, você se sinta empoderado e confiante, sabendo como reagir em qualquer emergência ou crise que você ou pessoas queridas possam enfrentar.

1

INTELIGÊNCIA PARA SOBREVIVÊNCIA

Você está prestes a adquirir novas habilidades animadoras. Após ler este livro, você saberá como escapar de fita adesiva e corda e saberá quando alguém está mentindo para você ou tentando agir de forma a convencê-lo a entrar em uma situação desagradável. Dito isso, essas habilidades que você está prestes a aprender precisam estar acompanhadas por algo igualmente importante – o que eu chamo de inteligência de sobrevivência. Resumindo, a inteligência de sobrevivência envolve ter a confiança para saber que você pode reagir apropriadamente em qualquer emergência. Você pode reagir de maneira inteligente e rápida durante uma crise utilizando o que você tem em mãos. Você está preparado e sabe que pode agir para a segurança da sua família. Como eu acredito que a inteligência de sobrevivência é tão importante quanto as habilidades que estou prestes a ensinar a você, eu criei sete regras fáceis de seguir para ajudar você a adquiri-las e mantê-las. Seguir essas regras o colocará na melhor posição possível para proteger você mesmo e sua família.

Ao longo de todo este livro, você será lembrado e relembrado da importância dessas regras, e eu acredito que as seguir ativamente pode significar a diferença entre permanecer seguro e lidar com uma tragédia. Você também observará que utilizo histórias de todas as partes do mundo para demonstrar como minhas diversas táticas podem ser usadas. Enquanto você estiver lendo sobre tragédias ou quase tragédias que aconteceram, poderá se ver imaginando: "no que eles estavam pensando?" ou "como eles não perceberam que isso ia acontecer?". A minha esperança é que, ao seguir algumas regras críticas, você e sua família nunca mais estarão nessa posição de perguntar a si mesmos: "como não percebemos isso?". Mas, em vez disso, estarão empoderados a agir rapidamente e de forma apropriada em qualquer situação perigosa que vocês enfrentarem.

Regra um: pratique adaptabilidade

A vida raramente é curta e grossa. Meus treinamentos de inteligência me ensinaram que, embora saber o que fazer em uma emergência seja importante, no fim, ser adaptável é o que pode salvar você. Conforme você for aprendendo diversas habilidades em todo o livro, tenha em mente que a sua habilidade de colocá-las em prática em situações inesperadas é que pode fazer a maior diferença. A vida nem sempre sai como o planejado, e é crucial estar pronto para lidar com o que quer que você tenha em mãos. A melhor parte sobre essa regra é que ela não é difícil de praticar. Você verá que, embora ser uma pessoa rápida, forte e poderosa seja algo bom, há um limite para o quão útil isso pode ser caso você não esteja apto a se adaptar a uma situação nova e potencialmente ameaçadora. Tenha como objetivo cultivar a adaptabilidade sempre que possível.

Regra dois: seja autoconfiante

Eu acredito muito na autoconfiança. Eu simplesmente não quero depender de alguém para cuidar da minha família ou de mim mesmo. Eu acredito que a autoconfiança e a responsabilidade pessoal devem ser valorizadas. Isso vai além de filosofia pessoal. Durante todo este livro, você vai ler sobre algumas situações que acabaram em tragédia – e sem necessidade –, geralmente, pelo menos em parte, por causa da falta de autoconfiança. A minha esperança é que todos que lerem este livro consigam ver a importância de poder agir por conta própria em uma situação de emergência. Eu acredito que é crucial ter as ferramentas em mãos e também a habilidade de salvar a si mesmo, caso seja necessário. O mundo já enfrentou períodos muito desafiadores que testaram a autoconfiança de muitas pessoas. Por exemplo, ataques terroristas e desastres naturais resultaram em muitas pessoas percebendo que devem lutar por si mesmas após uma crise. Como você vai ver neste livro, algumas pessoas estavam mais preparadas para fazer isso do que outras.

Autoconfiança = ajudar outras pessoas

Não se engane. Embora eu acredite que a autoconfiança seja um traço importante quando falamos sobre sobrevivência, há outra razão pela qual ela é importante. Quando aprendemos a ser autoconfiantes, nós nos colocamos na posição de ajudar outras pessoas. Espero que, após ler este livro, as habilidades que vou ensinar, junto com um forte senso de autoconfiança, coloquem você em uma posição mais forte de poder ser útil para outras pessoas em uma situação de emergência.

Regra três: não seja um herói

Deixe-me ser claro. A regra sobre não ser um herói não quer dizer que você não deve agir ou não deve ser um membro útil da sociedade. Essa regra tem a ver com ser maduro e ter o bom senso de se afastar de um confronto em potencial – mesmo quando há uma parte de você que não quer fazer isso. Confie em mim, eu sei como isso pode ser difícil. Numa certa manhã, eu estava correndo em Baltimore, Maryland, em direção ao porto. Percebi dois homens na calçada diante de mim. Eu estava com minhas roupas de corrida, e eles estavam bem-vestidos às seis horas da manhã, o que é um pouco incomum. Enquanto corri em direção a eles, eu os vi olhando um para o outro e então se separando, criando uma situação em que eu teria que passar entre os dois. Quem sabe o que eles iriam fazer quando eu passasse entre eles? Decidi agir da forma mais segura: correr para o outro lado da rua, assegurando-me de manter contato visual e demonstrando que eu estava prestando atenção. Talvez não fosse nada. Talvez eles tivessem seis amigos na esquina e fossem me assaltar. O ponto a que quero chegar é que eu não deixei meu ego me atrapalhar; não senti a necessidade de provar nada ao correr entre eles (embora você vá aprender por que minha decisão de manter contato visual com eles foi importante) e arriscar me colocar em uma situação potencialmente perigosa.

Em outra ocasião, um idiota bêbado saiu de um posto de gasolina, me mostrou o dedo do meio e começou a me ofender. Acabou que ele me confundiu com alguém que ele conhecia e que tinha o mesmo carro. Minha resposta? "Sem problemas, não se preocupe." Eu quis xingar o homem, mas eu tenho o bom senso de saber que simplesmente não vale a pena.

Posso afirmar que os homens mais durões, mais habilidosos que eu conheci na CIA também eram os mais quietos. Eles confiavam em suas habilidades e não precisavam ficar anunciando o que sabiam. Eu sou inteligente o suficiente para saber que é melhor evitar comparação. Não preciso me arriscar a encontrar aquele cara que tem habilidades melhores que as minhas ou alguém que esteja com sorte naquele dia. Sinta-se empoderado com as habilidades que você tem e com as que vou lhe ensinar, mas seja sábio quanto a quando utilizá-las.

Regra quatro: o movimento salva vidas

Essa não vai ser a única vez que você vai me ouvir falando sobre isso: o movimento salva vidas. Quando você ler neste livro sobre diversas situações que as pessoas enfrentaram, você verá que aqueles que se movem são aqueles que sobrevivem. Isso também é conhecido como sair do X. O conceito funciona de mais de uma maneira, e vou destacar como lidar com cenários variados com mais detalhes nos capítulos mais adiante. Para lhe dar uma ideia básica, pense assim: se alguém vem até você com uma faca, você tem algumas escolhas imediatas – você pode sair do caminho ou ser esfaqueado. Estou obviamente simplificando a situação, mas quero que você perceba que se mover ao ser ameaçado deve ser sua prioridade. Esse conceito funciona de outras formas também – por exemplo, você pode ficar surpreso ao descobrir que muitas pessoas sobrevivem ao impacto da queda do avião, mas morrem por terem inalado fumaça tóxica. Algumas pessoas ficam tão assustadas pela queda que não conseguem soltar o cinto de segurança e acabam morrendo. As pessoas que não morrem no impacto que conseguem sobreviver são aquelas que saem de seus lugares e se *movem*. Elas não congelam. Elas soltam o cinto de segurança e rapidamente se afastam do perigo. Lembre-se de que, em qualquer situação ameaçadora – seja um furacão, uma queda de avião ou um ataque terrorista –, o movimento salva vidas.

Regra cinco: percepção é tudo

Um dos melhores aspectos de compartilhar meus segredos de espião é que alguns deles são tão simples e fáceis de executar que você basicamente poderá abaixar o livro e fazer uma mudança com o potencial de salvar vidas em segundos. Isso porque a percepção é muito importante, e vou ensiná-lo sobre as várias ações que você pode tomar para passar uma percepção específica – quer seja a de que não se deve mexer com você e os criminosos devem ficar longe ou a de que a sua casa é a única no quarteirão que os ladrões não devem ousar assaltar. Para realizar os truques físicos e psicológicos que vou ensinar neste livro de forma apropriada, é necessário que você comece a ficar atento às percepções que você e as outras pessoas transmitem. Faça essas perguntas a si mesmo: Eu pareço uma pessoa que seria uma vítima fácil? Minha casa parece vazia? Eu estou caminhando com confiança? E aqueles ao meu redor? A pessoa sentada ao meu lado em um restaurante está agindo de forma suspeita? Estou sendo seguido pelo homem por quem acabei de passar no mercado? Aprender a estar atento a essas percepções pode desempenhar um papel importante em permanecer seguro.

Regra seis: observe o básico

Estar atento ao que é básico, ou ao que é normal, é um conceito-chave na maioria dos trabalhos de inteligência. Simplesmente não é possível saber se você está prestes a entrar em uma situação insegura a não ser que você esteja familiarizado com o que é normal para aquele local específico. Aquela rua é sempre tão movimentada? O volume de barulho que estou ouvindo é normal? Ou aconteceu alguma coisa? Se você não estiver extremamente familiarizado com o que é normal em sua casa, sua vizinhança, seu local de trabalho, você não estará equipado adequadamente para saber se está prestes a estar em perigo e precisa agir imediatamente. Ser capaz de estabelecer o que é normal é um componente-chave para qualquer trabalho de inteligência, e vou mostrar com detalhes como fazer isso.

Regra sete: pratique a consciência situacional em todos os momentos

Essa regra final é a pedra fundamental da minha filosofia. Nenhuma quantidade de treinamento vai mantê-lo seguro se você não praticar a consciência situacional. Eu estou tão certo disso que dediquei o primeiro capítulo inteiro deste livro à prática de consciência situacional, e eu defendo que minha habilidade de me manter atento às situações é a coisa mais importante que aprendi na CIA. A conclusão é que *nada que eu lhe ensinar pode mantê-lo seguro se você não estiver atento ao que está acontecendo ao seu redor*. Se você estiver com o nariz enfiado no *smartphone* ou distraído com uma conversa enquanto anda na rua, minhas técnicas para saber se você está sendo seguido, por exemplo, não vão funcionar. De novo, você lerá sobre alguma tragédia sem sentido que poderia ter sido evitada se a consciência situacional tivesse sido praticada. Você perceberá que eu não estou promovendo a paranoia – apenas um senso saudável do que está acontecendo ao seu redor. É a consciência situacional que permite que você saia do X antes de ser atacado ou que você atravesse a rua antes de ser assaltado. Ela demanda prática e alguma dedicação, mas é possível e pode salvar sua vida.

Uma vida mais segura, mais feliz

Minha missão ao escrever *Segredos de um espião que podem salvar sua vida* e ao começar o treinamento Spy Escape and Evasion é ajudar as pessoas a viverem uma vida mais segura e feliz. Essas sete regras que abordamos, combinadas ao arsenal de táticas de autodefesa que você está prestes a aprender, vão ajudar a diminuir sua ansiedade. Estamos vivendo tempos amedrontadores e imprevisíveis, mas acredito que você não deve viver com medo. Conhecimento, habilidade e consciência vão dar a você a paz de espírito de que você conseguirá lidar com qualquer evento que possa surgir.

2

CONSCIÊNCIA SITUACIONAL

A coisa mais importante que aprendi na CIA

Em um restaurante mexicano de alto padrão, os funcionários rapidamente se esconderam quando homens mascarados, portando uma machadinha, assaltaram o estabelecimento. Um cliente no bar permaneceu completamente indiferente ao roubo que estava acontecendo logo diante dele. Quando os assaltantes procuraram por dinheiro atrás do balcão do bar, essa pessoa não apenas continuou olhando para o telefone, como também ergueu seu copo de forma a indicar que ele gostaria de outro drinque. Enquanto perdia todo o assalto, ele até se moveu para o assento ao lado para abrir espaço para um dos assaltantes fugir. O homem depois disse aos policiais que "ele não sabia o que tinha acontecido" e que estava "olhando para o celular o tempo todo". Conseguir ignorar um assalto que está acontecendo bem ao seu lado demonstra uma enorme falta do que é conhecido como *consciência situacional*.

Com frequência as pessoas ficam surpresas quando eu digo que a coisa mais importante que eu aprendi na CIA foi a consciência situacional. Os agentes da CIA recebem o melhor treinamento de autodefesa possível, ensinando como afastar qualquer tipo de ataque, como escapar de limitações em segundos, o que fazer em uma perseguição de veículos – mas, no final, é a consciência situacional que vai manter qualquer agente vivo. Nós também sabemos que é melhor evitar completamente qualquer tipo de confronto violento. É o nosso conhecimento sobre a consciência situacional que nos permite agir *antes* de uma crise ocorrer. Se armas são sacadas, quer dizer que perdemos algo e nossa consciência situacional está falha.

Eu também já testemunhei em primeira mão como essa habilidade é importante como civil. Conheci minha esposa quando ela estudava Direito em Baltimore. Sua faculdade ficava em uma área de transição. Embora não fosse extremamente perigosa, estava localizada em uma região estranha, e alguém havia sido esfaqueado recentemente em uma ponte perto da faculdade. Eu não queria que ela ficasse caminhando sozinha após as aulas noturnas, e sempre fazia questão de buscá-la. Mas acontece que nos deparamos com problemas em plena luz do dia. Era um lindo dia de outono, então decidi encontrar minha esposa para levá-la para almoçar no porto de Baltimore. À beira da água, o porto é repleto de lojas e restaurantes e é um dos lugares mais legais que a cidade tem a oferecer. Enquanto caminhávamos até lá, notei um homem se comportando de modo muito suspeito. Ele havia atravessado a rua diante de nós diversas vezes e estava mantendo muito contato visual comigo, realmente me deixando incomodado. O homem parou a cerca de um metro de onde eu estava. Enquanto eu e minha esposa esperávamos o sinal de pedestres abrir para que pudéssemos atravessar a rua, ele ficou parado à minha esquerda. Como ele estava mantendo muito contato visual, eu continuei observando-o com minha visão periférica, prestando muita atenção ao que

SE VOCÊ NÃO ESTIVER ALERTA E CONSCIENTE, ESTARÁ VULNERÁVEL

ele estava fazendo. Decidi observar as mãos dele. São as mãos que matam – mãos controlam facas e armas e dão socos. Quando o sinal ficou verde, eu comecei a dar passos curtos de propósito. Percebi que ele começou a me acompanhar, andando passo a passo comigo. Nesse momento peguei minha "caneta tática". Depois de dar mais três passos, eu virei para ele e disse: "Com licença, você sabe que horas são?". Ele olhou para mim de modo engraçado, e eu repeti: "Com licença, você sabe que horas são?". Ele respondeu: "Quatro e meia". Nós nos encaramos por quase um segundo, mas pareceu uma eternidade. De repente ele virou de costas e saiu andando rapidamente. Ele atravessou a rua e nunca mais o vi.

Ao perguntar que horas eram, eu consegui duas coisas. Primeiro, eu removi completamente o elemento surpresa. Minhas mãos estavam levantadas, então, se necessário, eu poderia golpeá-lo ou desarmá-lo. Segundo, eu sei que o tempo normal de reação é de aproximadamente um segundo e meio. Esse é o tempo que leva, no mínimo, para uma pessoa reagir a uma situação. Eu sabia que, se ele atacasse, eu precisaria de um segundo e meio para fazer o que fosse necessário para proteger a mim mesmo e a minha esposa. O homem então me disse a hora e imediatamente virou-se e foi embora (o fato de ele ter mudado de direção é um claro sinal de que ele estava planejando fazer algo). Se esse homem fosse inocente, ele teria continuado a caminhar em direção ao porto, como estava fazendo originalmente.

Criminosos não querem que seus alvos saibam o que eles vão fazer, mas eu sabia. E ao demonstrar que eu sabia o que estava acontecendo, ele escolheu se afastar. Praticar a consciência situacional me colocou em uma posição de saber que algo estava errado. Ao estar alerta ao que estava ao meu redor, eu pude identificar que minha esposa e eu estávamos correndo risco, e pude agir. Embora houvesse várias formas de lidar com essa situação, o importante é que eu fiz *algo*. Confiei nos meus instintos e reagi. Se eu estivesse prestando atenção em meu celular ao invés de observar o que estava acontecendo ao meu redor, teria acabado em uma briga com um assaltante.

O que é consciência situacional?

Se você der uma olhada no que a maioria das pessoas está fazendo na rua, em um playground ou em um shopping, verá um fator em comum. A maioria das pessoas está falando em seus telefones ou enviando e lendo mensagens de texto. Se você está olhando para o celular, está com a cabeça baixa, desatento e provavelmente não tem ideia do que realmente está acontecendo ao seu redor. Ou talvez você não esteja falando ao celular, mas esteja preocupado com o trabalho, o estresse ou apenas sonhando acordado com as próximas férias. A conclusão é que, se você não estiver alerta e consciente, estará vulnerável. Existem muitas situações em que ferimentos (ou algo pior) poderiam ter sido evitados se as pessoas estivessem praticando a consciência situacional. Em San Francisco, houve uma onda de usuários de celulares sendo agredidos e roubados em público. Um homem de 43 anos foi esmurrado e roubado enquanto enviava mensagens de texto em plena luz do dia em uma esquina movimentada. Uma comediante promissora em Nova York caiu nos trilhos do metrô enquanto enviava mensagens de texto e foi atropelada por um trem. Milagrosamente ela sobreviveu. Uma garota de quinze anos na área de San Diego teve menos sorte. Ela estava em uma esquina enviando mensagens de texto quando tentou atravessar a rua com o sinal vermelho. Seu irmão tentou impedi-la, mas era tarde demais. Ela entrou na frente de um caminhão que se aproximava e foi morta. Se algum desses indivíduos tivesse prestado atenção ao seu redor, essas situações trágicas teriam sido evitadas.

Smartphones e consciência situacional

Sei que isso pode soar estranho, mas nunca enviei uma mensagem de texto em toda a minha vida e não pretendo fazê-lo. Embora os smartphones possam oferecer alguns ótimos recursos, acho que eles são péssimos para a percepção situacional. Quantas vezes você parou em um sinal verde e a pessoa à sua frente estava muito ocupada mandando mensagens de texto para perceber que o sinal agora estava aberto? O ponto principal é que nada do meu treinamento como agente da CIA vai me ajudar se eu estiver ocupado demais enviando mensagens de texto para perceber que estou em perigo. Existem outras razões pelas quais eu continuo usando um celular comum – os *smartphones* armazenam muitas informações pessoais e podem consumir muito tempo –, mas a principal razão é que os *smartphones* são simplesmente uma ameaça à minha consciência situacional.

As cores mais importantes: branco, amarelo, laranja e vermelho

Em sua definição mais básica, a consciência situacional é permanecer alerta e saber o que está acontecendo ao seu redor. É realmente ser capaz de avaliar o ambiente, antecipar o perigo e estar pronto para agir se necessário. O que eu recomendo e o que ensino em meu curso Spy Escape and Evasion são os Códigos de Cores Cooper, que são quatro estágios de prontidão que permitem que uma pessoa esteja pronta para reagir a uma ameaça de maneira apropriada e rápida.

Jeff Cooper foi um fuzileiro naval que serviu no Pacífico no *USS Pennsylvania* durante a Segunda Guerra Mundial. Cooper voltou à ativa durante a Guerra da Coreia, onde foi promovido a tenente-coronel. Na década de 1970, Cooper fundou o American Pistol Institute no Arizona, onde deu aulas de tiros com revólveres e rifles para civis, bem como para policiais e militares. Embora Cooper fosse conhecido por seu conhecimento em revólveres e armas de fogo, ele também acreditava que armas reais ou habilidades de autodefesa não forneciam a melhor maneira de sobreviver a um ataque potencialmente fatal. Cooper acreditava que a ferramenta mais eficaz era a mentalidade do indivíduo. Os códigos de cores de Cooper são usados para descrever diferentes graus de consciência situacional, sendo:

Código branco: despreparado e totalmente inconsciente. Os indivíduos que descrevi anteriormente neste capítulo estariam operando sob o código branco. É crucial que você aprenda a evitar esse código em todos os momentos.

O que parece: cabeça baixa, olhos desviados, alheio ao que está acontecendo ao seu redor. Uma pessoa em código branco pode estar sonhando acordada, falando ao celular, enviando mensagens de texto ou conversando. Se você está no código branco, pode estar sentado em um banco lendo ou pode entrar em um beco escuro à noite sem pensar duas vezes, colocando-se numa posição em que pode ser facilmente atacado. Se você não está alerta para o que está acontecendo em seu ambiente imediato, você está vulnerável e despreparado para o que pode acontecer a seguir.

Código amarelo: relaxado em alerta. Quando você está em código amarelo, não há uma ameaça específica, mas você continua alerta e consciente. O código amarelo não está relacionado a esperar um ataque, mas sim a permitir a si mesmo estar constantemente absorvendo informações sobre o que está acontecendo ao seu redor. Pessoas sob o código amarelo são difíceis de surpreender. É assim que a maioria das pessoas funcionava antes dos celulares.

Como parece: sua cabeça está erguida, você está atento ao seu redor. Você pode estar conversando, mas não está tão distraído a ponto de não perceber um carro vindo em seu caminho ou uma pessoa vindo em sua direção com o objetivo de atacar. Uma pessoa em código amarelo com certeza perceberia um desconhecido se aproximando dela na rua e teria tempo de sobra para decidir como reagir – atravessando a rua, mudando de direção, pedindo ajuda e assim por diante. O código amarelo permite que você perceba se está correndo riscos. É importante lembrar que permanecer em código amarelo mantém você fora do código vermelho, sobre o qual vou falar em um minuto. Estar em código amarelo enquanto caminhava com minha esposa em Baltimore foi o que nos impediu de ser assaltados e pode ajudá-lo a ficar seguro também.

Código laranja: um estado em que há um tipo de alerta específico. Você pode observar um homem em um casaco grosso de inverno caminhando em um prédio lotado em pleno verão. Você pode estar caminhando em direção ao estacionamento quando percebe alguém prestando atenção demais em você. Algo sobre uma situação ou um indivíduo parece potencialmente ameaçador. Você se prepara colocando sua mão em sua caneta tática ou pega o celular para pedir ajuda.

Como parece: eu entrei imediatamente em código laranja quando minha esposa e eu estávamos na rua perto da pessoa que eu acreditava que iria nos machucar. Eu estava em código amarelo (atento) quando eu percebi algo estranho sobre essa pessoa em particular. Uma vez em código laranja, eu fiz uso da minha caneta tática. (Eu sempre carrego uma arma comigo onde isso é legal, mas eu não tenho um porte de arma para o estado de Maryland. Vou falar sobre os benefícios de carregar uma caneta tática em breve.) Eu continuei alerta e estava pronto para evitar um ataque. Se você acha que uma pessoa o está seguindo, dar a volta e entrar em uma loja movimentada é outro exemplo de uma reação de código laranja.

Código vermelho: é a condição de crise, mas você está mentalmente preparado para lutar ou fugir. Você já pré-determinou o que exatamente o faria reagir e agora recebeu aquele gatilho específico por parte do criminoso. Você retirou sua caneta tática quando ainda estava em código laranja, mas agora vai atacar seu agressor com ela, lutando por sua vida. Embora seja completamente possível que a situação envolva uma briga, usando uma arma ou qualquer tática de autodefesa que você tenha, também é possível que a situação seja resolvida de outras formas, como ligando para a polícia ou correndo para uma área movimentada.

Como parece: a pessoa está respondendo a uma ameaça real. Ela pré-determinou que essa ameaça provavelmente vai ocorrer, e não vai ser totalmente pega de surpresa. Esse indivíduo em código vermelho pode ter observado um ponto de fuga e estar correndo até ele, já ter decidido afastar o agressor, ter sacado uma faca ou outra arma ou estar pedindo ajuda.

Fique no amarelo para evitar o vermelho

Heather, que é aluna do meu curso Spy Escape and Evasion, evitou um roubo de carro porque estava praticando uma boa consciência situacional. "Quando estou no posto de gasolina, sempre me lembro do que aprendi nas aulas do Jason", ela relata. "Mantenha sua chave em suas mãos, e *não* seu celular, e esteja atento ao que está acontecendo ao seu redor. Eu estava quase terminando de abastecer meu carro quando vi um homem correndo até mim pela minha direita. Ele parecia ter saído da floresta atrás do posto de gasolina. Ele gritava 'Com licença!' muito alto, tentando chamar minha atenção. Eu também percebi que havia um segundo homem se aproximando. Meu instinto estava me dizendo que algo estava muito errado, e fiquei feliz por ter minha caneta tática comigo. Eu gritei com ele e disse para ele se afastar. Coloquei a mangueira de combustível de volta na bomba e saí dirigindo. Eles dois correram em direção ao meu carro. Eu estava convencida de que eles queriam o carro – e se tivessem o carro, também teriam a mim."

Como Heather estava operando em código amarelo, ela pôde determinar imediatamente que essa pessoa queria machucá-la. Ela logo pôde ver que o ladrão de carros em potencial estava trabalhando com outra pessoa. Ela estava atenta e, portanto, não caiu no plano dos criminosos para distraí-la enquanto a outra pessoa viria por trás para alcançá-la. Se Heather tivesse se permitido distrair pelo primeiro homem, ela poderia ter perdido seu carro, ou pior, sua vida.

Embora fazer um esforço para operar em código amarelo exija alguma prática e costume, é uma simples mudança que pode salvar sua vida. Escolher guardar o celular e andar pela rua com a cabeça erguida é um bom começo, mas você também vai querer afinar seus sentidos. Seu instinto normalmente vai lhe dizer se algo está errado, e é importante escutar, mas existem algumas estratégias adicionais que podem ajudá-lo a estar mais consciente se o perigo está surgindo.

Saia do X: a coisa mais importante de lembrar em qualquer emergência

Além de praticar uma boa consciência situacional, é fundamental que você se lembre de um conceito simples que pode impedir que você seja ferido ou pior. No caso de você se deparar com uma situação de vida ou morte de qualquer tipo, você precisa *se mover*. Vou me referir a isso frequentemente ao longo do livro, quando digo: "Saia do X". Você vai ver nas histórias que conto que as pessoas que se movem vivem. É o fato de congelar e ficar parado que vai machucá-lo ou até mesmo matá-lo. Se alguém está vindo diretamente em sua direção com uma faca, sair do X e mover-se impedirá que você seja esfaqueado. Da mesma forma, sair da cidade a tempo de evitar uma grande tempestade é sair do X. É essencial que você se lembre que o movimento salva vidas.

PESSOAS QUE SE MOVEM VIVEM

Não veio do nada: reconhecendo indicadores de pré-incidente

Muitas vítimas dirão que não tinham ideia de que estavam prestes a ser atacadas. A verdade é que há sinais claros que a maioria dos criminosos exibe antes de atacar alguém. Quando minha esposa e eu estávamos indo para o nosso almoço em Baltimore, você deve se lembrar de que notei que o homem estava fazendo contato visual intenso e acompanhando nosso ritmo. Isso é conhecido como indicadores de pré-incidente. Eles podem ser descritos como padrões previsíveis de comportamento que uma pessoa exibe em uma situação particular. Existem vários indicadores pré-incidente reconhecíveis que podem alertá-lo sobre um possível comportamento criminoso.

Indicador de pré-incidente um: olhando fixamente

Os criminosos vão olhar para você por um período desconfortável se escolherem você como alvo de um ataque. Se você notar uma pessoa olhando para você por um tempo anormalmente longo, atravesse a rua, peça ajuda ou faça o que for preciso para sair de seu caminho. A razão pela qual eles olham para você é porque eles fixaram os olhos em seu alvo, e esse alvo é você. O criminoso tomou a decisão de ir atrás de você, e quando um predador encontra sua presa, ele fica de olho nela.

Indicador pré-incidente dois: caminhando

Somente pessoas com más intenções acompanharão seu ritmo de caminhada. Não é natural para os seres humanos andar em sintonia com estranhos, então fique atento quando alguém estiver acompanhando seu ritmo. Isso também vale para veículos. Se você e outro veículo estiverem dirigindo lado a lado na rodovia, um carro vai acelerar ou desacelerar. Você notará que, se variar sua velocidade, o criminoso andará mais devagar ou mais rápido para corresponder à sua velocidade. Isso indica que você precisa se afastar dessa pessoa e buscar ficar seguro o mais rápido possível.

Indicador pré-incidente três: distração

Heather, do meu curso Spy Escape and Evasion, não se permitiu ser distraída por um homem vindo até ela gritando: "Com licença!". Ela enxergou sua atitude pelo que era: uma distração. Os criminosos costumam trabalhar em pares ou grupos, com uma pessoa distraindo a vítima com uma pergunta, pedido de ajuda ou até mesmo uma oferta de ajuda se você parecer perdido ou claramente não conhecer uma área. Uma vez que você está distraído, o outro criminoso terá uma abertura perfeita para roubar sua bolsa, carteira, telefone ou pior.

Combatendo o preconceito da normalidade: sabendo que isso *pode* acontecer com você

Até hoje, Penélope se arrepende de ter entrado no metrô durante os ataques de 11 de setembro. "Eu morava bem na beira da água e tinha uma visão perfeita das torres gêmeas. Saí do meu prédio no Brooklyn e vi chamas e fumaça saindo de um buraco em uma das torres. Obviamente algo horrível havia acontecido. Muitas pessoas estavam se reunindo para assistir. Alguém disse que um pequeno avião havia colidido com as torres. Fiquei imediatamente consolada com aquilo. Fazia *sentido*". Mesmo abalada com o que viu, Penélope decidiu que provavelmente havia sido um acidente, então ela pegou o metrô e seguiu para o trabalho normalmente. Foi quando ela estava no metrô que ficou claro que algo terrível estava acontecendo e que ela havia se colocado em uma posição muito arriscada. "Houve um anúncio de que um segundo avião havia atingido o World Trade Center. Eu imediatamente soube que algo grande estava acontecendo e fiquei com muito medo. Eu não sabia o que estava acontecendo, mas parecia uma boa ideia sair do metrô e me afastar das torres imediatamente." Penélope teve a sorte de não estar diretamente em perigo, como tantas outras pessoas naquele dia, mas ela provavelmente teria feito escolhas diferentes se não tivesse sido impactada pelo que é conhecido como *o senso comum de normalidade*.

O senso de normalidade é como os seres humanos lidam com mudanças indesejadas. É uma forma de processar eventos traumáticos ou desastres. Os seres humanos estão programados para temer a mudança. Quando um grande evento está prestes a acontecer ou está acontecendo, como um furacão, um ataque terrorista ou o surto de uma doença, é natural que tentemos normalizar a situação da melhor maneira possível. Como Penélope afirma: "Nem em um milhão de anos eu teria imaginado que estávamos sendo atacados por terroristas. Um ataque terrorista simplesmente não estava no meu campo de possibilidade. Meu cérebro não processou isso".

Embora o senso de normalidade seja um mecanismo de proteção, é algo que devemos aprender a combater e sobre o qual precisamos estar cientes para nos mantermos seguros. É ele que nos permite pensar que vamos ficar bem ou que uma tempestade que se aproxima não vai ser tão ruim. É assim que o senso de normalidade nos coloca em perigo. Se não estivermos cientes do impacto que um determinado evento pode ter, não poderemos nos preparar adequadamente. Se não for controlado, o senso de normalidade pode nos fazer ter comportamentos perigosos, como:

1. **Não levar um desastre a sério:** se você não reconhecer quão mortais podem ser uma tempestade ou um ataque terrorista, você não estará preparado quando tais eventos acontecerem. Você pode fazer algo que o coloque em maior risco. Por exemplo, Penélope estaria

mais segura ficando em casa do que pegando o metrô até a área sul de Manhattan. Se ela tivesse levado a situação mais a sério, saberia que entrar em Manhattan era arriscado.

2. **Não se preparar para um desastre:** todos nós já vimos como as lojas de itens para casa ficam lotadas na noite anterior a uma grande tempestade de neve. As pessoas compram pás, sal ou o que for necessário. O mesmo pode ser dito para outros desastres. Em certas partes do país, as pessoas enfrentam furacões ou incêndios florestais como rotina. Ainda assim, nem todas essas pessoas se prepararão adequadamente, planejando rotas de fuga e tendo suprimentos e alimentos disponíveis. O senso de normalidade impede as pessoas de planejarem adequadamente. Elas podem pensar: "O fogo nunca chegará tão longe, então não preciso me preparar". Ou "Serei resgatado se houver um problema real".

3. **Acreditar que, como nunca aconteceu algo antes, nunca acontecerá:** é difícil saber como reagir ao lidar com uma nova experiência. As pessoas que são prejudicadas pelo senso de normalidade tendem a permanecer otimistas e a não reconhecer que só porque algo não aconteceu antes, não significa que não possa acontecer. Como vimos nos últimos anos, ataques terroristas, furacões, tornados e nevascas acontecem – e nem sempre quando e onde você esperaria. Embora eu não esteja sugerindo que você passe todo o seu tempo se preocupando com cada situação que possa acontecer, é importante não deixar que o senso de normalidade atrapalhe sua capacidade de ser um indivíduo preparado. O senso de normalidade não é apenas estar preparado para uma tempestade ou outro desastre. É realmente um estado de espírito que você precisa aprender a administrar para praticar uma boa consciência situacional.

Eu não sabia, eu vi: segredos para estabelecer uma base de referência

Como determinar se uma situação aparentemente normal está começando a se tornar perigosa? Como captar indícios sutis de que algo está errado – de que uma situação não é bem o que parece? Estabelecer uma base de referência é fundamental para saber se uma situação é potencialmente perigosa. Fazer isso requer que você observe mudanças significativas ou sutis que ocorrem em um determinado local ou no comportamento de uma pessoa. A abordagem moderna da BBC para o personagem Sherlock Holmes apresenta um dos melhores (ainda que extremos) exemplos de alguém que pode coletar informações sobre uma pessoa com rapidez e precisão. Quando Sherlock encontra Watson pela primeira vez, ele casualmente pergunta: "Iraque ou Afeganistão?". Com base na resposta de Watson (Afeganistão) e tendo passado literalmente apenas alguns segundos com ele, Sherlock é capaz de determinar que Watson é um médico de guerra ferido, que frequenta um terapeuta e que seu terapeuta acredita que seu mancar é psicossomático. Naturalmente, Watson fica surpreso com a precisão do Sherlock. Quando Watson pergunta a Sherlock como ele sabia essas coisas, Sherlock responde: "Eu não sabia, eu vi".

Ele continua, explicando: "Seu corte de cabelo, sua postura indicam algo militar. A sua conversa ao entrar na sala indicou que você foi treinado na Bart's, logo, médico do exército. Óbvio. Seu rosto está queimado do sol, mas não há nenhum bronzeado acima dos punhos – você esteve no exterior, mas não para aproveitar o sol. Você manca muito quando anda, mas não pede uma cadeira quando está em pé, como se tivesse se esquecido do ferimento, então é pelo menos parcialmente psicossomático. Isso sugere que as circunstâncias originais da lesão provavelmente foram traumáticas – portanto, ferido em combate. Ferido em combate, queimado de sol – Afeganistão ou Iraque".

O que é exatamente uma base de referência?

Você pode estar operando em código amarelo, ciente do que está acontecendo ao seu redor, mas se seu cérebro não permitir que você veja ou registre e reaja ao que é normal ou não, você não será capaz de tomar as medidas apropriadas para ficar seguro. Para determinar o que é normal – seja para uma pessoa em particular ou para um lugar –, você precisa ter uma base de referência. Uma base de referência é uma medida informal que determina o que é normal e o que não é. Um amigo próximo que diz a você: "Ei, você está muito bonito ultimamente" é capaz de fazer essa comparação porque ele sabe qual é sua aparência no dia a dia – ele conhece sua base de referência. Ele será capaz de perceber se você se bronzeou um pouco ou se parece bem descansado. Se uma criança que geralmente tem um ótimo apetite de repente não está com fome no jantar, você pode pensar que algo está errado. Ela pode estar ficando doente ou talvez tenha comido muitos lanches depois da escola. Claro, para outra criança isso pode ser normal – e se ela começasse a comer muito mais do que o normal, você pensaria que algo estava errado. Esses são exemplos muito básicos de bases de referência cotidianas, circunstâncias nas quais alguém está ciente do que é típico e do que não é em uma determinada situação. É importante observar que essas não são regras universais; pelo contrário, são específicas para nossa situação e ambiente.

Os lugares também têm bases de referência

Como é de se esperar, quase todos os principais prédios do governo têm cercas com câmeras e alarmes que disparam em algum tipo de centro de operações. As câmeras agora desempenham um papel fundamental na manutenção da segurança de uma instalação, estabelecendo a base de referência para o prédio em si. Os sensores da câmera captam pequenas informações e são capazes de determinar o que é normal na linha da cerca em um dia comum. Se algo fora do usual ocorrer, como um cervo ou uma pessoa se aproximando da linha da cerca, o centro de operações será notificado imediatamente. As câmeras conhecem a base de referência; as câmeras sabem quando algo diferente acontece. De maneira semelhante, você pode buscar saber quando algo está fora de sua base de referência. Você saberia imediatamente se algo estivesse diferente ao chegar em casa? Saberia dizer se um evento potencialmente perigoso estivesse ocorrendo perto de seu escritório? Estabelecer uma base de referência para sua casa, sua vizinhança e os lugares que você frequenta pode salvar sua vida.

Marie soube imediatamente que algo estava errado quando abriu a porta de seu apartamento. "Uma planta sobre a mesa havia sido derrubada. Eu sabia que não tinha derrubado aquela planta." Marie imediatamente percebeu que algumas outras coisas estavam erradas. "Tínhamos um pote na sala em que guardávamos nossas moedas. Estava virado para o lado. Também vi que a janela estava aberta. Tinha certeza de que a janela estava fechada quando saí de manhã." Marie conhecia a base de referência de seu apartamento. Ela fazia questão de fechar as janelas sempre que saía de casa e tinha certeza de que a planta e as moedas estavam fora do lugar. Sua consciência do que era normal para seu apartamento estava alterada. Ela sabia que alguém tinha estado no apartamento e chamou a polícia imediatamente. Infelizmente, nem todo mundo está em sintonia com sua base de referência como Marie. Uma mulher de Orlando, Flórida, teve a sorte de ficar fisicamente ilesa após dois roubos distintos. Lisa Bailey e seu filho Ryan voltaram para casa e encontraram a porta da garagem aberta. Ryan acreditava ter deixado a porta da garagem aberta antes de sair para a escola naquele dia. A família entrou em casa e descobriu que seu computador e sua televisão não estavam mais lá, os armários e gavetas estavam todos abertos, e até comida havia sido retirada da geladeira. Em um incidente posterior, a família voltou para casa e encontrou um jipe preto com uma criança chorando no banco de trás estacionado em sua entrada. Em vez de chamar a polícia, a Sra. Bailey entrou em casa e se encontrou com os ladrões. Os criminosos estavam saindo pela janela dos fundos quando ela entrava em sua casa. Essa família é incrivelmente afortunada, porque, apesar de não terem notado que sua base de referência estava errada, eles não foram feridos ou mesmo mortos pelos assaltantes.

Conheça sua regra – e mantenha-a

Para se manter seguro, é importante se familiarizar com as bases de referência. Ao estabelecer uma base de referência para sua casa e outros lugares que frequenta, você será capaz de perceber imediatamente quando algo não está certo. Marie soube imediatamente que alguém tinha estado em sua casa, porque ela conhecia e mantinha uma base de referência. É crucial ter uma rotina de segurança sólida e pré-planejada. Certifique-se de segui-la todas as vezes que você sair de casa. Embora as especificidades de sua rotina de segurança devam refletir as necessidades de sua família e casa, certifique-se de incluir os seguintes passos em sua rotina:

> Tranque todas as portas.

> Feche e tranque todas as janelas.

> Feche e tranque a garagem.

> Ligue ou desligue a iluminação externa.

É importante também ter certeza de que você e seus familiares estão cientes de outros procedimentos. Você fecha todas as persianas ou cortinas antes de sair? As luzes ficam acesas? Se sua família discutir os procedimentos normais antes de sair de casa, cada membro de sua família poderá determinar imediatamente se a base de referência está alterada. Lembre-se, se você achar que alguém está em sua casa, não tente entrar. O risco de sua própria segurança não vale a pena. Chame a polícia.

O que a experiência lhe diz?

Assim como você deve saber se algo está errado com a base de referência de sua casa, você também deve ser capaz de dizer se algo está errado ao fazer compras, ir ao trabalho ou à escola de seu filho. Não é incomum assistir ao noticiário ou ler um artigo em que alguém diz: "Eu sabia que algo estava errado". As pessoas que estão em sintonia com a base de referência de seu ambiente são capazes de captar as pistas às vezes sutis (mas nem sempre) de que algo está errado. Essas pessoas não apenas entendem como deve ser uma base de referência, mas também não permitem que o senso de normalidade atrapalhe. Erin Sarris, uma corredora que sobreviveu ao atentado da Maratona de Boston, sabia que algo estava errado. "Eu não sabia o que era, mas sabia que não era um trovão, porque era um lindo dia com apenas algumas nuvens altas e fofas." Sarris pegou o celular imediatamente, conectou-se com o marido e saiu da área. Ela logo viu muitas ambulâncias se aproximando e suas suspeitas foram confirmadas. Sarris sabia que um barulho alto que não estava relacionado ao clima indicava uma situação potencialmente perigosa. Katherine Walton, uma americana de 39 anos, estava fazendo compras em um shopping em Nairóbi com seus cinco filhos quando ocorreu um brutal ataque terrorista. Ela se lembra de ter ouvido "explosões muito altas" e imediatamente soube que algo estava errado. Ela conseguiu se esconder com três de seus filhos e mandou uma mensagem para os outros dois ficarem escondidos até que o perigo passasse. Em ambos os casos, as mulheres reagiram. Elas não esperaram para ver o que estava acontecendo ou presumiram que, embora tivessem ouvido algo muito incomum, as coisas deveriam estar bem. Elas não deixaram o senso da normalidade atrapalhar. Para determinar se uma situação pode ser potencialmente perigosa, faça a si mesmo a seguinte pergunta-chave:

Com base no que sei de experiências anteriores, tudo parece estar como deveria?

Se uma situação parece diferente do que você sabe ser normal, você precisa considerar a possibilidade de que algo esteja errado. Reagir quando sua experiência diz "isso não está normal" pode salvar sua vida.

REAGIR QUANDO SUA EXPERIÊNCIA DIZ "ISSO NÃO ESTÁ NORMAL" PODE SALVAR SUA VIDA.

Começa com o comportamento humano padrão

Embora nem todos possamos ter os poderes de dedução de Sherlock Holmes, podemos aprender algo com suas habilidades incomuns de fazer declarações sobre alguém. Não estou sugerindo que você deva ser capaz de descobrir onde uma pessoa mora e trabalha apenas olhando para ela, mas é importante saber como usar pequenos detalhes para aprender sobre uma pessoa ou situação. Embora sejamos ensinados a apreciar as diferenças uns dos outros, todos sabemos que existe uma gama de comportamentos considerada aceitável. O comportamento pode se encaixar em qualquer lugar no espectro do comum ao incomum ao inaceitável. O comportamento humano também é influenciado por uma variedade de outros fatores, como cultura, valores e atitudes. O que pode ser visto como aceitável em um lugar pode ser inaceitável em outro. Pode ser perfeitamente apropriado usar terno e gravata para trabalhar em um escritório de advocacia, mas seria extremamente estranho aparecer de terno se você fosse um trabalhador da construção civil. É apropriado gritar e berrar em um evento esportivo, mas inapropriado em uma peça. Embora o comportamento humano padrão possa mudar dependendo de onde ocorre, todos nós sabemos em nosso interior se o comportamento de alguém está fora do comum e se precisamos agir com cautela.

Roxanna Ramirez, uma funcionária da Target de 22 anos, recebeu reconhecimento por salvar uma criança de sete anos que havia sido sequestrada em Pittsburg, Califórnia. Ramirez notou um comprador se comportando de maneira estranha. "Ele estava inquieto, agindo muito estranho, fora do normal. Estava me deixando desconfortável", lembrou ela. Ramirez observou o homem e até o abordou para perguntar se precisava de ajuda. Ela continuou a observá-lo depois que ele saiu da loja e viu que ele continuou a se comportar de maneira estranha em seu carro. Ramirez decidiu chamar a polícia. Quarenta e cinco minutos depois, a polícia estava com o homem de 43 anos sob custódia, e Natalie Calvo, de Antioch, Califórnia, estava a salvo. Claramente Ramirez havia percebido que o homem estava demonstrando algo diferente do comportamento humano padrão. Ela o descreveu como inquieto e considerou seu comportamento estranho. Em seu interior, ela sabia que algo estava errado. Como Ramirez era observadora e resolveu agir, uma garotinha foi salva de um sequestrador. Não estou sugerindo que você chame a polícia toda vez que encontrar uma pessoa um pouco fora do comum, mas é crucial estar ciente do que é e do que não é considerado comportamento humano padrão. Há algumas coisas a se considerar:

> A pessoa está vestida de forma inadequada para o clima? Vestindo um casaco de inverno mesmo que esteja quente?

> A pessoa apresenta gestos ou maneirismos estranhos?

> A pessoa está em algum lugar onde não deveria estar?

> A pessoa está prestando muita atenção em você ou em outra pessoa?

> A pessoa parece estar seguindo alguém?

> A pessoa está olhando ao redor ansiosamente? Em outras palavras, ela está virando a cabeça de um lado para o outro?

Não dê oportunidade aos criminosos

Em entrevistas a criminosos na prisão, fotos de pessoas na rua costumam ser mostradas, seguidas do questionamento de quais seriam os alvos escolhidos. Depois de ler este capítulo, não deveria ser nenhuma surpresa que as vítimas escolhidas pelos criminosos fossem as que operavam no código branco – de cabeça baixa, falando ao telefone, desatentas ao seu redor. Basta olhar para a rua para saber que 99% das pessoas estão com a cabeça enterrada em seus *smartphones*. Raramente vemos uma pessoa prestando atenção ao que está ao seu redor. A boa notícia é que, se você praticar as táticas que acabamos de discutir e caminhar com confiança no código amarelo, com a cabeça erguida e as mãos vazias, há poucas chances de você se tornar a próxima vítima de um criminoso, porque o criminoso escolherá um alvo mais fácil – alguém que não esteja prestando atenção.

3

SEU KIT DE FUGA E EVASÃO DE ESPIÃO

Itens e informações cruciais para sobreviver a desastres de grande e pequena escala

Acredito que o conhecimento seja a ferramenta mais importante de todas. Dito isso, há situações em que alguns suprimentos e algumas ferramentas podem salvar sua vida. O mundo é imprevisível, e gosto de estar preparado para tudo. Você não precisa vasculhar muito a história para ver que estar armado com algumas ferramentas simples pode fazer a diferença entre a vida e a morte. Crimes, acidentes e desastres naturais podem nos colocar instantaneamente em perigo.

David e Yvonne Higgins não planejavam passar dois dias presos em seu SUV com a filha de cinco anos. A família estava viajando do Texas para uma estação de esqui no Novo México quando se viu no meio de uma forte tempestade de neve. Eles tentaram seguir os rastros de um limpa-neve, mas logo perderam completamente a visibilidade. O SUV caiu em um barranco e foi rapidamente enterrado pela neve. A Sra. Higgins descreveu a situação como estando "envoltos em um iglu". Tudo o que podiam ver ou sentir ao seu redor era neve. Eles se amontoaram em seus equipamentos de esqui e sobreviveram com água e lanches que haviam embalado para a viagem. Eventualmente, o trio começou a lutar por ar. A família Higgins teve sorte: eles foram encontrados em uma dramática operação de busca e resgate, que começou depois que o Sr. Higgins conseguiu usar seu celular para entrar em contato com seu irmão, e sobreviveram.

Em Atlanta, ninguém poderia imaginar que apenas alguns centímetros de neve prejudicariam tanto a cidade. As pessoas ficaram presas em carros por três horas ou mais, e muitas acabaram abandonando-os na beira da estrada. As crianças ficaram presas nas escolas quando seus pais não conseguiram atravessar os enormes engarrafamentos que aconteciam por toda a cidade. Embora, em geral, as situações que acabei de descrever tenham terminado muito bem, há momentos em que ser pego desprevenido tem resultados trágicos.

Debbie Este e suas filhas adolescentes, em Baton Rouge, não estavam muito preocupadas com o furacão que se aproximava. A senhora Este, que contou sua provação à CNN, basicamente esperava vento e chuva, e então a tempestade passaria. Elas sobreviveram à tempestade ilesas, mas depois que as barragens quebraram, rapidamente ficou claro que a família estava com problemas. Em apenas alguns minutos, a água estava na altura da cintura. Tiffany, de dezesseis anos, perdeu o celular enquanto tentava salvar um hamster. Sua mãe correu para o quarto para pegar seus cartões de crédito. Elas encontraram um galão de água potável para quatro pessoas (a mãe de dona Este, de 68 anos, também estava lá). Conseguiram escapar para o sótão, o que foi um milagre, considerando que dona Este estava em uma cadeira de rodas havia três anos. A água subiu até o quinto degrau da escada que levava ao sótão. No dia seguinte, a água começou a infiltrar-se no sótão, fazendo com que a família fosse para o canto do espaço escuro e sem janelas (tinha uma pequena saída de ar). A família não tinha comida nem como entrar em contato com ninguém, e o abastecimento de água era muito limitado. Tragicamente, a mãe de dona Este, que tinha sofrido insuficiência cardíaca congestiva, não sobreviveu. As demais foram salvas quando o irmão de dona Este chegou de barco. Elas tiveram uma sorte incrível. Muitos outros perderam a vida devido à falta de preparação durante o furacão Katrina, enquanto outros sobreviveram à tempestade, mas não às suas consequências.

Essas histórias ilustram um ponto importante: você nunca sabe onde ou quando se deparará com uma situação de vida ou morte. Você e sua família poderiam sobreviver em sua casa se ficassem presos e incapazes de obter comida ou água de fontes externas? Por quanto tempo você conseguiria sobreviver se algo desse muito errado enquanto você saísse para dar uma volta? E, embora seja fácil apresentar inúmeros exemplos de condições meteorológicas que colocam as pessoas em perigo, existem muitas outras situações perigosas que podem ocorrer a qualquer momento.

Os três níveis do equipamento de sobrevivência: o que um ex-oficial da CIA realmente carrega

As pessoas tendem a ter algumas ideias incomuns sobre o que os oficiais de inteligência carregam, e eu gostaria que a verdade fosse tão interessante quanto elas pensam. As pessoas geralmente esperam *gadgets* malucos – estilo James Bond, como relógios com serras rotativas, dispositivos de escuta escondidos em canetas ou, melhor ainda, um lançador de foguetes escondido dentro de um cigarro. Embora eu ache que minha bolsa de laptop tenha algumas coisas que uma pessoa comum não carrega, ela não está cheia de moedas de ouro e não lança uma faca de arremesso se você acertar a trava de uma certa maneira. Eu nunca carreguei um pote de talco que na verdade está cheio de gás lacrimogêneo. A boa notícia é que muitos dos itens que carrego pessoalmente são baratos, fáceis de transportar e podem salvar sua vida. Dividi o equipamento que carrego em três níveis para que você possa decidir facilmente quais itens funcionariam melhor para você.

Nível um: equipamento para o dia a dia

O equipamento do dia a dia é o equipamento que carrego no corpo, geralmente nos bolsos.

Canivete: gosto de carregar meu canivete preso na frente do bolso da calça, onde posso acessá-lo facilmente. Eu costumo carregar uma faca Benchmade, mas há muitos bons fabricantes de facas hoje em dia. Embora uma faca dobrável em seu bolso ou bolsa seja um item obrigatório para autodefesa e sobrevivência, esperamos que você acabe usando-a apenas para abrir caixas e pacotes de salsichas.

Arma: eu carrego escondido todos os dias onde posso legalmente. Como eu amo armas, você pode me encontrar carregando todos os tipos, como uma Glock 19, uma Springfield 1911, uma Sig Sauer P226 ou uma Ruger LCP no meu bolso frontal direito. Obviamente, é essencial ter uma licença e treinamento adequados, incluindo sobre operação e armazenamento seguros, antes de portar uma arma de fogo. A posse de armas é uma responsabilidade séria que não deve ser tratada levianamente.

Celular: isso é apenas senso comum, pois você precisa manter contato. Novamente, não sou fã de *smartphones* ou mensagens de texto. Eu acho que eles interferem na consciência situacional, além de ser muito fácil ter sua identidade roubada de seu *smartphone*. Eu acredito que os celulares são para chamadas telefônicas. Não quero ser pego de surpresa ao ler uma mensagem na rua ou enquanto estiver no carro – mas quero poder ligar para a emergência se necessário, e você também deveria.

Grampos de cabelo: pode parecer estranho, mas vou mostrar como um grampo de cabelo simples e barato pode tirar você de algumas situações sérias. Sempre me certifico de ter um grampo no meu cinto de armas de fuga e evasão. É leve como uma pena e você nunca notará que está lá.

Chaveiro de paracord: o paracord (às vezes chamado de cordão 550 ou cordão de paraquedas) tem muitos usos maravilhosos. É incrivelmente forte e pode tirar você de algumas situações sérias, sobre as quais falaremos em breve. O "Monkey's fist" também é uma boa ferramenta de autodefesa, porque é uma corda de paraquedas que envolve um rolamento de esferas capaz de causar sérios danos se você atingir alguém com ele.

Chave de algema: sempre mantenho uma chave de algema no meu chaveiro e no meu cinto de armas de fuga e evasão. Você nunca sabe quando isso pode ser útil, e é um item permitido em voos, então você não precisa se preocupar com oficiais tentando retirá-lo de você.

Dólares americanos: o dinheiro é rei. Embora o dólar americano não valha tanto quanto costumava valer, conheço alguns caras que saíram de situações arriscadas graças a algumas notas de vinte ou cem dólares. Se você estiver viajando para o exterior e precisar escapar pela porta dos fundos do comércio de alguém, entregar algum dinheiro para ele pode tirar você dali. Você nunca sabe quando vai precisar "molhar a mão" de alguém ou de uma carona para algum outro local (normalmente eu não recomendaria entrar em um carro com um estranho – estou falando de circunstâncias extremas), então faça questão de sempre levar algum dinheiro com você.

Caneta tática: a caneta tática é uma das minhas ferramentas de autodefesa favoritas de todos os tempos, e nunca fico sem uma. A caneta tática é uma ferramenta apropriada para toda e qualquer pessoa. À primeira vista, é uma caneta real. Você pode escrever com ela, pois ela utiliza tinta recarregável da loja de papelaria local. Quando não estiver usando-a para fazer uma lista ou escrever um bilhete, você pode usá-la para parar um agressor. Milhares de pessoas que treinei carregam canetas táticas, variando de estudantes universitários a funcionários do governo e viajantes estrangeiros. Canetas táticas são feitas de alumínio aeronáutico e têm uma ponta forte e pontiaguda. A extremidade pontiaguda pode ser usada para parar um invasor e quebrar a janela de um carro se você sofrer um acidente e precisar sair antes que o carro afunde. Também sei pelo meu treinamento o quanto dói ser atingido por uma caneta tática. Se você estiver sendo atacado, um golpe certeiro com essa caneta nos olhos, rim ou virilha lhe dará uma oportunidade de escapar. Entrarei em mais detalhes sobre como usar uma caneta tática quando falarmos sobre autodefesa.

Outra razão pela qual sou um grande fã da caneta tática é que você pode levá-la para qualquer lugar. Você não terá nenhum problema em entrar em um avião ou em um tribunal com uma delas (eu levei a minha ao tribunal quando fui pagar uma multa). Recentemente, alguém que fez meu curso entrou em contato para me avisar que conseguiu transportar sua caneta tática pelo Aeroporto Ben Gurion, em Israel, considerado o aeroporto mais seguro do mundo. Também é uma ótima ferramenta para corredores. Eu mesmo gosto de correr e conheço muitas pessoas que se sentem muito à vontade correndo com uma caneta tática. Você ficaria assustador correndo pela rua com uma faca nas mãos ou uma arma (o que seria ilegal), mas com uma caneta tática ninguém vai prestar muita atenção nisso.

Kit para abrir fechaduras: sempre carrego um kit para abrir fechaduras comigo. Quero estar preparado caso acabe em uma situação em que precise escapar de uma sala trancada. Além disso, é útil quando você precisa de acesso a armários de arquivos, gavetas trancadas ou quando seus vizinhos se trancam fora de casa e precisam de sua ajuda. Também são ferramentas fáceis de passar pela segurança. Na verdade, 90% das vezes eu transporto meu kit sem problemas; cerca de 5% das vezes, um funcionário da segurança comenta sobre meu kit e me diz que "é legal". Os outros 5% do tempo eles o inspecionam e o devolvem para mim. Além disso, embora os kits para abrir fechaduras sejam legais na maioria dos países, certifique-se de verificar as leis do seu país antes de começar a carregar um.

Canivete de cartão de crédito: O canivete de cartão de crédito é uma ótima opção para pessoas que não se sentem à vontade para prender uma faca na roupa. Conheço muitas mulheres que preferem uma faca de cartão de crédito a uma faca comum. Como o nome já diz, a faca de cartão de crédito é uma faca engenhosa projetada para dobrar na forma de um cartão de crédito para transporte seguro e fácil. A lâmina sai do centro do cartão e cada lado se dobra para trás e se encaixa no lugar. O que começa como um simples "cartão de crédito" em sua carteira é de repente uma faca afiada que pode salvar sua vida ou ajudar em uma situação de sobrevivência.

Nível dois: equipamento de mala para laptop ou bolsa comum

Eu sou uma pessoa ocupada. Escrevo artigos para várias revistas, encontro-me com clientes e dou muitas aulas. Quando estou fora de casa, levo meu laptop comigo para que eu possa sempre fazer algum trabalho. Há algumas coisas essenciais que gosto de guardar na bolsa do meu laptop junto com meus materiais de trabalho.

Painel à prova de balas: os painéis à prova de balas podem ser realmente úteis e têm algumas opções de uso. Meu painel à prova de balas é nível 3A, o mesmo material dos coletes à prova de balas usados pelos policiais. O nível 3A é a proteção mais alta que você pode obter para se proteger de um trauma brusco, e é isso que você deseja em uma situação de alto risco. Caso haja um atirador ativo, poderei usar o painel para proteger minhas áreas vitais – e minha vida poderá ser salva. Eu também uso o painel ao carregar e descarregar minha arma. Basta colocar o cano da arma contra o painel e sei que tenho uma proteção segura. Também funciona muito bem para a prática de tiro seco, como uma proteção extra.

Munição sobressalente: obviamente, você precisa saber o que é legalmente permitido carregar. Onde é legal, eu gosto de carregar cinquenta cartuchos de munição na bolsa do meu laptop. A munição que uso são cartuchos de ponta oca revestidos, mais especificamente, Speer Gold Dot.

Kit para abrir fechaduras: Como você sabe, eu já tenho um conjunto de ferramentas para abrir fechaduras do tamanho de um cartão de crédito, mas gosto de ter alguns itens em dobro. Eu sempre mantenho um kit de tamanho normal na bolsa do meu laptop.

Poncho: Um poncho é bastante autoexplicativo. Você pode usá-lo se chover, mas também pode usá-lo como um abrigo de emergência.

Gaze hemostática (QuikClot®): Eu sempre carrego uma gaze hemostática na bolsa do meu laptop e a mantenho por perto sempre que estou dando uma aula que envolve armas de fogo. QuikClot® é basicamente uma gaze coberta por uma substância que acelera o processo de coagulação natural do corpo. Isso é algo que eu quero ter por perto se eu for baleado ou esfaqueado ou mesmo se eu tiver um corte feio em um acidente de carro.

Lanterna: acho muito importante ter uma lanterna em caso de emergência ou apenas uma queda de energia comum. A que eu carrego é extrapequena e eu a chamo de "Lanterna espiã".

Multiferramenta: Eu gosto de ter uma multiferramenta Leatherman. Tem um milhão de usos graças aos alicates, facas, chaves de fenda e outras ferramentas que possui.

Chave de carro adaptada: quando começarmos a falar sobre cenários de fuga, você entenderá por que eu acho que uma chave de carro adaptada é um item importante de se ter. No caso de você precisar fazer uma ligação direta ou comandar um carro em uma emergência, essa ferramenta o ajudará a entrar em um modelo de carro mais antigo. Você se lembra que arruelas podem ser usadas em máquinas de venda automática? Uma chave de carro adaptada é como uma chave feita de arruela e é basicamente um conjunto de arrombamento para carros. Elas são usadas por serralheiros, concessionárias de automóveis e empresas de reboque e reintegração de posse. Você pode usá-la para abrir a fechadura de carros fabricados até 1999. Além disso, as chaves de carro adaptadas são perfeitamente legais para se carregar.

Fita adesiva: a fita adesiva tem milhares de usos e é uma ótima coisa para se ter por perto. Você pode usá-la para consertar um rasgo em uma barraca ou para prender coisas a fim de criar um abrigo. A fita adesiva é tão resistente e durável que existem sites dedicados a ensinar a usá-la de maneiras malucas, como para fazer carteiras e até mesmo uma rede.

Fonte de fogo: não fumo, mas sempre carrego um isqueiro. Quero estar pronto se precisar acender uma fogueira para me manter aquecido ou cozinhar alguma comida.

Paracord: ao longo deste livro, você verá quantos usos incríveis existem para o paracord. Eu mantenho dois metros dele na minha bolsa de laptop. Você ouvirá muito mais sobre como eu uso paracord mais adiante.

Gravador de voz: muitos telefones podem gravar algo para você. Ainda gosto de carregar um gravador de voz. Se estou fazendo negócios com alguém em quem não confio 100%, posso seguir em frente e registrar a situação. Se você quiser fazer isso, precisa saber o que a lei diz sobre gravar conversas no estado em que você mora. Um estado unipartidário basicamente significa que você pode gravar a chamada, se for bipartidário, você deve pedir permissão. É fácil descobrir on-line a lei do seu estado específico.

Nível três: equipamento de veículo

Os americanos passam muito tempo em seus carros. Acredite ou não, o americano médio passa 4,3 anos em seu carro e dirige uma distância suficiente para ir à lua e voltar três vezes. O americano médio passa impressionantes 38 horas por ano preso no trânsito. Por esse motivo, é fundamental que você tenha algum equipamento básico de sobrevivência em seu carro o tempo todo. Os dois itens que acho que você precisa ter em seu carro são uma caixa de ferramentas e um kit de 72 horas. Tanto minha esposa quanto eu temos esses itens em cada um de nossos veículos.

Caixa de ferramentas: mantenho alguns itens bastante específicos na caixa de ferramentas que guardo no meu veículo. São eles:

Machado: eu mantenho um pequeno machado na minha caixa de ferramentas. Isso pode ser útil se você precisar cortar um pouco de madeira ou cortar uma árvore bloqueando uma estrada.

Corda de reboque: na verdade, usei isso uma vez para puxar o carro do meu primo, que estava quebrado. Um cabo de reboque permite que você tire seu carro de uma situação complicada – e também é útil no caso de precisar de corda para amarrar carga ou fazer um abrigo.

Rádio de manivela: você não pode depender do telefone ou do rádio do carro para obter informações em uma situação de emergência. Um rádio de manivela permite que você saiba o que está acontecendo o tempo todo (como se trata de uma manivela, você não precisa se preocupar com pilhas ou baterias).

Isqueiro: você já sabe que eu tenho um isqueiro na bolsa do meu laptop, mas para ser mais seguro, também mantenho um no meu carro.

Pé de cabra: um pé de cabra é útil no caso de você precisar quebrar uma janela ou romper uma cerca. Também pode ser usado como uma alavanca.

Kit de primeiros socorros: tenho um kit de primeiros socorros simples que você pode encontrar na maioria das lojas de varejo. Você deve ser capaz de lidar com ferimentos básicos e lembrar de sempre manter a gaze hemostática lá também.

Mapa local: se você precisar sair da cidade com pressa, precisará navegar pelas estradas locais e secundárias. Você não pode depender do seu GPS ou celular em uma situação de emergência.

Paracord: gosto de manter pelo menos seis metros de paracord no meu carro o tempo todo. Você provavelmente está começando a ver que acho o paracord valioso porque o tenho no carro, na bolsa do laptop... praticamente em todos os lugares.

Faca: mantenho uma faca básica de sobrevivência no meu carro. Sim, ainda tenho uma presa ao bolso da calça, mas é sempre uma boa ideia ter mais de uma faca.

Pá dobrável: uma pá dobrável é uma ótima coisa para se ter em seu carro, e eu sou um fã particular da Glock E-tool. Não é improvável que você se encontre em uma situação em que só precise desenterrar o pneu de neve ou lama. Ter essa ferramenta torna isso bastante fácil.

Kit de 72 horas: um kit de 72 horas é um item absolutamente crítico para você ter em seu carro. Caso você se envolva em um acidente em uma área obscura, seu carro quebre ou você fique preso na neve, os itens dessa pequena mochila podem mantê-lo vivo. Esse kit contém comida e água para três dias. É um pacote pequeno; não vai ocupar muito espaço no seu carro e simplesmente não é algo que você possa se dar ao luxo de ficar sem. É fácil comprar esses kits prontos ou você mesmo pode fazer um. Um bom kit contém os seguintes itens:

Barras de comida: tenha pelo menos seis barras de alta energia, com cerca de quatrocentas calorias cada. Devem vir acondicionadas em embalagens impermeáveis.

Seis caixas de Aqua Blox: água suficiente para três dias. Essa água potável tem uma vida útil de cinco anos.

Pastilhas de purificação de água: você deve ter pelo menos dez pastilhas de purificação. Dez pastilhas purificarão até cinco garrafas de dois litros de água. Para usá-las, basta jogá-las na água, esperar alguns minutos, e a água estará segura para beber.

Rádio AM/FM: certifique-se de que também tem pilhas. O rádio permite monitorar o clima e outras estações de rádio em caso de emergência.

Lanterna LED: tenha uma lanterna que seja recarregável e que não fique sem bateria. Procure uma lanterna que você possa recarregar simplesmente apertando um dispositivo.

Vela de sobrevivência de trinta horas: essa vela vem com um pavio ajustável e também pode ser usada como um pequeno fogão de acampamento para aquecer alimentos.

Apito de sobrevivência de emergência cinco em um: além do apito, o cinco em um tem um espelho de sinalização, uma bússola, um compartimento de fósforo à prova d'água e uma pederneira para iniciar fogo/fogueira.

Fósforos à prova d'água: você vai querer uma caixa de fósforos à prova d'água caso seu equipamento se molhe durante uma emergência.

Saco de dormir de emergência: o saco deve ser à prova de água e vento e reter 90% do calor do corpo.

Poncho de emergência: tenha um poncho que inclua um capuz para proteger todo o seu corpo das intempéries.

Faca de sobrevivência: algumas facas de sobrevivência contêm até dezesseis ferramentas diferentes, incluindo uma chave de fenda Phillips, abridor de latas, saca-rolhas, escareador, lâmina de manicure, escareador resistente, desembolsador de gancho, chave de fenda, chaveiro, palito de dente, descamador de peixe, pinças, serra de madeira, lâmina de corte e abridor de tampa.

Máscara respiratória contra poeira: tenha uma máscara que seja aprovada pelos órgãos competentes.

Lenços de bolso: tenha pelo menos três pacotes de lenços.

Óculos de segurança: para proteger seus olhos de detritos durante um desastre.

Kit de costura: para costurar roupas ou consertar rasgos em barracas ou outros abrigos. Certifique-se de ter alfinetes de segurança, agulhas, botões e linha.

Kit de higiene de 24 peças: considere ter escova de dentes, creme dental, lenços umedecidos para as mãos, sabonete em barra, xampu e condicionador, fio dental, loção para as mãos, loção para o corpo, desodorante, lâmina de barbear, pente, absorventes higiênicos, creme de barbear e uma toalha.

Estojo pequeno de primeiros socorros: tenha bandagens de tamanhos diferentes, tiras de tecido, compressas com álcool e compressas de gaze.

Baralho de cartas: para entretenimento.

Bloco de notas e lápis: para anotar informações importantes durante uma emergência.

Itens variados

Como você já sabe, gosto de estar preparado para lidar com qualquer coisa. Além dos itens que já examinei em "Os três níveis de equipamento de sobrevivência", há algumas outras coisas que gosto de manter em meu carro. Uma delas é o cortador de parafusos. Se eu precisar cortar o elo de uma corrente ou tirar um cadeado de uma cerca, eles vão funcionar. Se você está cortando cercas, provavelmente está em uma situação extrema. Se você ainda não percebeu, também gosto de dobrar certos itens. Gosto de adicionar porções extras de comida e bolsas de água ao que já está em meu kit de 72 horas.

Lembre-se, não estou dizendo que você precisa sair correndo e comprar todos esses itens hoje. Você deve pensar sobre quais itens funcionariam melhor para você. Mas, pelo menos, comece a montar seu equipamento de sobrevivência hoje.

Obtendo inteligência: coletando informações para se manter seguro

Agora que você sabe de quais ferramentas precisará para enfrentar quase todas as situações, vou compartilhar alguns conhecimentos essenciais de sobrevivência com você. Além de se preparar para desastres com comida, água e outros itens essenciais, há algumas coisas que você deve fazer com antecedência para manter sua família segura.

Sally Gordon estava passando o Natal no paraíso com sua família e amigos em luxuosas vilas em Patong, Tailândia, em 2004. Gordon estava parada na praia quando percebeu uma onda se aproximando. Sem pensar que havia algo com que se preocupar, ela correu para a vila para pegar sua câmera. Em questão de segundos, uma onda enorme atingiu toda a vila, devastando-a. Gordon foi imediatamente apanhada pela forte corrente. A água puxou seu corpo através de prédios, a esmagou contra escombros e até a puxou para baixo de um carro flutuante. Milagrosamente, ela ressurgiu cerca de um quilômetro e meio em direção ao continente. Ela perdeu vários amigos íntimos naquele dia, no tsunami que devastou a Tailândia (assim como Índia, Sri Lanka, Indonésia e outros países). Finalmente, ela se reuniu com sua família. Um de seus filhos foi capaz de correr cerca de um quilômetro e meio e subir em uma árvore; seu marido e outro filho subiram no topo da sede do clube de golfe, e seu terceiro filho, que foi atingido diretamente pela onda, foi salvo por um turista que o puxou para cima de uma árvore. Gordon e sua família tiveram uma sorte incrível de sobreviver a essa tragédia. Das 250 mil pessoas que morreram no tsunami, cerca de 9 mil eram turistas. A maioria das histórias sobre como sobreviver ao tsunami começa da mesma maneira – "estávamos no paraíso" ou "estávamos nos divertindo muito na praia". Ninguém poderia imaginar que tamanha destruição poderia ocorrer em poucos minutos.

Humint no exterior: fontes humanas podem te salvar

Obviamente tsunamis são raros, e o tsunami de 2004 foi uma das situações mais extremas que um turista poderia encontrar. Dito isso, milhares de turistas ficaram presos, feridos e dependentes de governos estrangeiros para obter ajuda enquanto estavam em um país que acabara de sofrer um enorme desastre. A CIA usa o termo Humint (abreviação de inteligência humana, em inglês) para se referir a qualquer informação que pode ser obtida de fontes humanas. Em outras palavras, trata-se de coleta de inteligência em campo. Preciso enfatizar o quanto é importante fazer alguns Humint básicos ao viajar para um país estrangeiro. Antes de sair de casa, passe algum tempo online estudando o país e certificando-se de que ele é seguro o suficiente para você visitá-lo para começo de conversa. Você deve conversar com as pessoas e perguntar onde encontrar hospitais locais, embaixada do seu país, transporte e rotas de fuga. Se o país para o qual você está viajando for atingido por um grande desastre, como um tsunami, aonde você poderia ir para obter ajuda médica? Como você encontraria seus familiares?

Embora eu seja cauteloso, admito que é improvável que você encontre algo tão terrível durante a viagem quanto Sally Gordon encontrou. No entanto, a pesquisa do Humint pode simplesmente significar a diferença entre ficar seguro e se colocar em risco. Quando estiver no exterior, faça questão de observar o que é comum e o que não é. Qual é a base de referência? O que os locais estão vestindo? Como você pode se misturar?

É crucial, ao viajar para o exterior, não se destacar dos demais – você não quer se tornar um alvo e depois uma vítima. Além de se misturar como um local, é uma boa ideia observar o seguinte ao viajar para o exterior (ou para qualquer lugar, na verdade):

> Preste muita atenção e certifique-se de seguir todos os avisos de viagem emitidos em relação ao país para onde você está viajando.

> Certifique-se de ter as informações de contato da embaixada ou consulado do seu país.

> Observe as possíveis estratégias de saída do país caso tenha que fugir durante um desastre natural ou agitação civil.

Humint em casa

Também é crucial que você reserve um tempo para fazer algum reconhecimento na comunidade onde mora. Se você mora no mesmo lugar há muito tempo, fica muito fácil parar de prestar atenção às mudanças que estão acontecendo em sua própria área. Você pode se lembrar de uma vez em que estava dirigindo com seu cônjuge e perguntou: "Ei, quando essa loja apareceu?". Pode ser que se surpreenda quando a resposta for "ano passado". Quer você tenha vivido no mesmo lugar toda a sua vida ou tenha acabado de se mudar para uma nova cidade, é essencial que você reúna algumas informações sobre o lugar onde mora. Há não muito tempo, me mudei da Virgínia para Utah. Uma das primeiras coisas que fiz foi reunir informações sobre minha nova casa. Certifique-se de saber onde encontrar todos os itens a seguir. No caso de um grande desastre, você pode precisar de acesso imediato a alguns ou a todos estes locais:

Saídas e pontos complicados: se você tivesse que fugir a pé ou de carro, qual caminho faria? Os pontos complicados são locais onde é provável que ocorra congestionamento ou bloqueios. Se você souber onde são esses lugares, poderá evitá-los em uma emergência.

Hospitais: a que distância você está do hospital mais próximo? Se esse hospital estivesse inacessível, para onde você iria?

Farmácia: é importante saber onde você pode comprar os medicamentos de que pode precisar se você ou um membro da família se machucar ou ficar doente.

Fontes de água: uma das primeiras coisas que aprendi sobre minha nova comunidade é que moro a cerca de cem metros de um rio e a cerca de cinco quilômetros de um lago. Em caso de emergência, eu poderia pegar um dos filtros de água que sempre tenho, pegar um balde e juntar água potável para minha família. Em agosto de 2014, as autoridades de Toledo, Ohio, tiveram que emitir um aviso aos moradores de que não deveriam beber a sua água. O governador declarou estado de emergência e houve uma corrida pelas garrafas de água nas lojas da região. Você nunca sabe quando seu abastecimento de água pode estar em risco. Saber onde você pode ter acesso à água é fundamental para a sobrevivência de sua família em uma situação de emergência.

Departamento de polícia/delegacia: sempre saiba a localização exata da delegacia mais próxima. É para lá que você precisaria ir se você estivesse sendo seguido em um veículo ou se você se deparasse com qualquer tipo de emergência.

Aeroporto municipal local: eu recomendo que todos saibam a localização do seu aeroporto municipal. Fiz uma visita ao meu quando me mudei para Utah. E, por cerca de cem dólares, consegui fazer um "voo de descoberta". O voo de descoberta ajuda você a ver para onde iria se houvesse uma emergência séria. É útil saber onde fica o hangar e onde os aviões estão guardados. A maioria dos aeroportos municipais também oferece coisas legais, como aeroclubes e aulas de voo. Mas quer saber o verdadeiro motivo pelo qual você precisa conhecer o aeroporto municipal? Em uma situação extrema – estou falando de um desastre no estilo do fim do mundo –, um aeroporto municipal lhe dará sua melhor chance de sair do local. Nessa situação, você pagaria alguém (outro motivo para manter o dinheiro por perto) ou esperaria que alguém tivesse pena de você e o ajudasse? Por esse motivo, não é uma má ideia conhecer um ou dois pilotos.

Comida e água: construa seu suprimento

Eu recomendo manter um suprimento de comida e água para um ano para você e sua família. Isso não apenas o manterá vivo em uma emergência, mas também lhe dará paz de espírito, sabendo que, se perder o emprego, poderá alimentar sua família. Obviamente nem todos terão recursos financeiros (ou espaço de armazenamento) para guardar tanto, mas quanto mais você conseguir guardar, melhor.

Etapas que você deve seguir imediatamente se ocorrer uma crise

Caso ocorra um grande desastre – seja um desastre natural, um conflito ou qualquer tipo de ocorrência catastrófica –, você deve fazer o que for preciso para sair dessa situação arriscada.

1. Lembre-se, o movimento salva vidas, então *saia do X*. Mover-se e agir aumentam significativamente suas chances de sobrevivência. São aqueles que não se movem que vão ser mortos.

2. Arme-se rapidamente. Idealmente, você terá a chance de se armar com sua faca ou arma (pelo menos espero que sua caneta tática esteja com você), mas se houver necessidade, quase tudo pode ser uma arma, incluindo uma pedra, um caco de vidro quebrado ou até mesmo um galho.

3. Pegue seu equipamento, se puder fazê-lo com segurança. Obviamente será melhor se você tiver acesso ao seu kit de 72 horas. Se você puder obtê-lo, faça-o. Se isso for colocar você em maior risco, terá que deixá-lo para trás.

Água

A quantidade recomendada de água para ter à mão é 3,5 litros por pessoa por dia. Algumas pessoas gostam de usar contêineres de 200 litros. Eu gosto do contêiner de 25 litros. Obviamente, 3,5 litros por pessoa por dia é o suficiente.

Quanto dinheiro você recomenda uma pessoa ter em casa para emergências?

Embora um pouco seja melhor do que nada, eu teria como objetivo manter pelo menos mil dólares em dinheiro, em notas de vinte, em sua casa o tempo todo. Mantenha mais do que isso, se puder. Isso o cobrirá por um tempo caso surja alguma emergência que o impeça de obter dinheiro do banco. Você ficará tranquilo ao saber que pode usar dinheiro para pagar pessoas para ajudar você e sua família a escapar de uma crise – ou comprar algo de que você possa precisar após um desastre natural ou apagão.

Armazenamento de alimentos

Entendo que a maioria de nós não pode sair e comprar o suprimento de comida para um ano de uma só vez. Você pode começar a coletar alimentos enlatados e grãos a cada mês e, antes que perceba, terá o suprimento de alimentos para um ano (ou qualquer quantidade que funcione para você). Sou membro da Igreja de Jesus Cristo dos Santos dos Últimos Dias (mórmon) e compro minha comida em uma fábrica de enlatados SUD. Qualquer pessoa de qualquer religião pode comprar comida da fábrica, e eles têm os melhores preços do mercado. Novamente, lembre-se de que você não precisa ser mórmon para comprar comida em uma dessas fábricas de enlatados. Eles estão abertos a todos, independentemente da afiliação religiosa.

4

TORNE-SE UM ARTISTA DE FUGA

Como escapar facilmente de cordas, algemas, abraçadeiras e fita adesiva

Uma mulher estava no escritório do salão de bronzeamento onde trabalhava quando notou um homem na câmera de vigilância. Ela era a única funcionária do salão naquele momento. De repente, o homem estava parado na porta de seu escritório. Ela foi atingida na cabeça e puxada para dentro de uma van, onde suas pernas e punhos foram presos com fita adesiva. Felizmente, essa mulher conseguiu escapar atirando-se para fora da van. Ela sofreu uma fratura no crânio e outros ferimentos, mas poderia ter sofrido um destino muito mais sombrio. Acontece que Kelly Swoboda, de 49 anos, basicamente havia transformado sua van em uma câmara de tortura móvel – equipando-a com correntes que foram presas ao chão, bem como abraçadeiras e cordas. Descobriu-se que Swoboda tinha anotações sobre cerca de vinte mulheres diferentes. Ele as estava seguindo e havia anotado os números das placas de seus veículos.

A maioria de nós tem fita adesiva espalhada pela casa. Nós a usamos para empacotar caixas ou consertar algo que precisa de uma solução rápida. No entanto, a maioria das pessoas não sabe que a fita adesiva tem um uso muito mais sinistro. Se um criminoso quiser contê-lo durante um sequestro ou invasão de domicílio, provavelmente o fará com fita adesiva. O fato é que, quando um criminoso enrola fita adesiva no punho da vítima, a maioria das pessoas desiste mentalmente porque não tem ideia de como escapar. No entanto, sei como sair dela em apenas alguns segundos e, no final deste capítulo, você também saberá. Você também saberá como se livrar de abraçadeiras e escapar de algemas do porta-malas de um carro. Ensinei essas técnicas com sucesso a homens e mulheres de todas as idades (dos nove aos 77 anos, para ser exato), de muitas origens diferentes. Meus alunos descobriram que saber como escapar das amarras em uma situação de emergência é empoderador e inspira confiança.

Como escapar da fita adesiva – a restrição favorita de um criminoso

Kelly Swoboda não é de forma alguma a primeira criminosa a usar fita adesiva. É a maneira mais fácil e rápida de conter alguém. Depois de ver como pode ser fácil sair, você nunca mais se sentirá intimidado por isso.

FICAR PRESO COM FITA ADESIVA É PSICOLOGICAMENTE DESGASTANTE.

Não sou um cara enorme e ameaçador, mas como sei o que fazer, posso me livrar da fita adesiva em segundos. Tive a oportunidade de trabalhar com artistas marciais diversos – homens enormes com braços enormes. Prendi seus punhos com fita adesiva e pedi que escapassem. Esses caras muito fortes tentaram separar as mãos, puxando e puxando a fita, sem resultado. Ficar preso com fita adesiva é psicologicamente desgastante. Se você não sabe como se livrar e está apenas puxando a fita, acabará desistindo.

A chave para se livrar da fita adesiva não é a força, mas saber como recriar o ângulo que facilita o rasgo. Se você já rasgou um pedaço de fita (o que tenho certeza de que sim), sabe que, se quiser rasgar a fita, basta parti-la no ângulo correto. Isso é basicamente o que vamos fazer aqui.

Passo um: a posição

Quando estiver sendo preso com fita adesiva, incline-se para a frente o máximo que puder, pressionando os cotovelos e os antebraços juntos. Se puder, feche os punhos com as mãos. A ideia aqui é criar uma vedação firme com os antebraços. Inclinar-se para a frente também o coloca na "posição submissa", o que sinaliza para seus agressores que você não será um problema.

Passo dois: o rompimento

Lembre-se, você pode puxar o quanto quiser, e a fita não vai rasgar. Você precisa recriar um ângulo que rasgue facilmente a fita. Para fazer isso, levante os braços o mais alto possível acima da cabeça. Em um movimento rápido e repentino, puxe os braços *para baixo e para os lados*, como se estivesse passando rapidamente as mãos por cada lado do quadril.

Solução de problemas

Enquanto estiver praticando, se perceber que a fita não está rasgando imediatamente, é provável que você não esteja puxando os braços e as mãos para o lado além dos quadris. Pratique a manobra até dominar o movimento – uma descida rápida e fechada e um movimento de separação que começa acima de sua cabeça e termina com você puxando as mãos para o lado, passando pelos quadris. A fita vai rasgar assim que você dominar esse movimento com sucesso.

Plano B: se você for amarrado por trás ou estiver ferido

Muitas vezes me perguntam o que acontece se um criminoso prende suas mãos para trás. As chances são de que isso não aconteça e um criminoso prenda suas mãos à frente do seu corpo, porque é mais rápido e fácil. Além disso, permite que eles segurem suas mãos para que possam levá-lo aonde quiserem. No entanto, se isso acontecer – ou se você tiver sofrido um ferimento que o impeça de recriar o ângulo necessário para rasgar a fita, vou lhe ensinar um segundo método de fuga. Embora este método seja diferente, o objetivo permanece o mesmo: recriar o ângulo que rasga a fita. O método alternativo requer que você encontre algo que tenha um ângulo de noventa graus – o canto de uma parede, uma cadeira, um móvel – qualquer coisa, e simplesmente coloque suas mãos com fita adesiva na borda e faça um movimento de serrar até rasgar. Se você decidir praticar esse método também, ficará surpreso com a rapidez com que a fita se abrirá.

Como escapar de abraçadeiras

Embora a fita adesiva continue sendo o método mais comum usado pelos criminosos para conter alguém, também é importante que você saiba como fugir das abraçadeiras se precisar. Em Jacksonville, Flórida, duas mulheres, de dezoito e dezenove anos, foram encontradas mortas na beira da estrada. Ambos os corpos foram amarrados com abraçadeiras. Em Chico, Califórnia, o assistente de um médico foi parado por infração de trânsito. Acontece que ele tinha um histórico de sequestrar mulheres em idade universitária e depois agredi-las sexualmente. As mulheres tiveram as mãos e os pés amarrados com abraçadeiras, além de fita adesiva cobrindo os olhos.

Suas mãos, pés e boca estão cobertos com fita adesiva. O que você faria?

Eu soltaria minhas mãos primeiro. Esta é sempre a prioridade e eu faria exatamente como ensinei neste capítulo. Em seguida, eu tiraria a fita da minha boca para poder respirar melhor. Por último, arrancaria a fita dos meus pés e pernas.

É importante lembrar que a fita adesiva pode drená-lo psicologicamente se você permitir. Se você estiver coberto de fita adesiva, é fácil desistir. Não faça isso. O fato é que uma garota de dezessete anos que fez minha aula com o pai queria tentar ser totalmente "presa com fita adesiva". Ela nos deixou cobri-la praticamente da cabeça aos pés com fita adesiva de forma voluntária. Suas pernas foram amarradas cerca de quinze centímetros acima dos joelhos e seus braços foram cobertos até os cotovelos. Também colocamos fita adesiva de forma voluntária em sua boca. Essa garota se livrou completamente de toda a fita em menos de trinta segundos. Não se deixar intimidar pela fita é tão importante quanto saber a técnica para sair dela.

Assim como a fita adesiva, as abraçadeiras são difíceis de quebrar se você não souber a técnica correta. Elas são baratas, acessíveis e, como a fita adesiva, as abraçadeiras são psicologicamente desgastantes – é fácil para a vítima acreditar que não conseguirá escapar.

Passo um: a posição

Ao ser amarrado com uma abraçadeira, você deve colocar os braços o mais para a frente possível, com os antebraços bem juntos. Esse é o mesmo posicionamento que você usou para escapar da fita adesiva.

Passo dois: gire a trava

Você verá que a abraçadeira que segura suas mãos juntas tem uma pequena trava. Você deve girar essa trava para que fique posicionada diretamente onde as palmas das mãos se encontram. Não precisa ser perfeito, mas posicione-a o mais próximo possível do centro. Como você obviamente não poderá usar as mãos para fazer isso, precisará morder a ponta da braçadeira com os dentes e girar a trava para a posição correta.

Passo três: o rompimento

A técnica para romper as abraçadeiras é exatamente a mesma da fita adesiva. Você deve levantar as mãos o mais alto possível acima da cabeça, mantendo os antebraços bem juntos. Em um movimento rápido, você puxará os braços diretamente para baixo e para o lado, passando pelos dois lados do quadril. A trava se abrirá.

Troque seus cadarços

Se você não quiser carregar o paracord em sua pasta ou bolsa, considere trocar seus cadarços normais por cadarços de paracord. Eles são fáceis de encontrar, vêm em várias cores diferentes e não parecem diferentes dos cadarços comuns.

Solução de problemas

Escapar de abraçadeiras usando esse método requer muito mais força e nem todos podem fazê-lo. É preciso conseguir o ângulo perfeito para separar os braços e as mãos enquanto desce. Se o ângulo não for perfeito, não vai funcionar. Se você não conseguir sair dessa maneira, não se preocupe, porque existe um segundo método.

Plano B: o método paracord

Embora eu saiba por experiência que qualquer um pode escapar da fita adesiva usando o método de quebra, como acabei de mencionar, as abraçadeiras podem ser mais difíceis para algumas pessoas. Felizmente existe um método alternativo. Lembra do paracord de que falei no capítulo anterior? É aqui que ele será útil.

Tire o paracord do bolso, bolsa ou cadarço. Idealmente, você precisa de cerca de dois metros de paracord. Insira-o através da abraçadeira de modo que fique pendurado no centro das suas mãos. Em seguida, amarre um laço em cada extremidade que seja grande o suficiente para você colocar o pé. Coloque os pés nos laços de paracord e recline-se de costas. Faça um movimento de bicicleta com os pés apoiados nas alças e você literalmente cortará a trava.

Como escapar de corda

Onze dias depois que um casal desapareceu de Nova Orleans, seus corpos foram encontrados em um canal. Seus pés estavam amarrados com corda de náilon azul. A corda do homem estava amarrada a um sino pesado. A corda em volta dos pés da mulher estava desgastada, o que sugere que estava presa a alguma coisa. Leonila Tara Cortez saiu de carro com um amigo em 21 de agosto de 1996 e nunca mais foi vista com vida. Sua família sabia que algo estava errado, pois ela nunca deixaria para trás seus dois filhos pequenos. Embora tenha levado anos para conseguirem identificar corretamente seu corpo, ficou claro que ela havia sido amarrada com uma corda. Novamente, a corda não é usada tão comumente quanto a fita adesiva, mas é fundamental que você saiba como se livrar da corda caso se encontre em uma situação extrema.

Passo um: a posição

Quando você está sendo amarrado, mantenha as palmas das mãos juntas, mas os cotovelos precisam estar separados. Não pressione os antebraços juntos como faria se estivesse sendo preso com fita adesiva. A ideia aqui é criar espaço extra a partir da curva dos punhos ao manter os cotovelos afastados.

Passo dois: em frente e chacoalhe

Depois de ter sido amarrado, mantendo os cotovelos afastados, mova os braços para a frente até que estejam completamente retos e também se certifique de que suas mãos estejam esticadas e pressionadas juntas. Depois de fazer isso, comece a balançar as mãos para a frente e para trás rapidamente e, eventualmente, você será capaz de liberar uma de suas mãos. Essa técnica funcionará independentemente da espessura da corda, mas saiba que, se a corda for mais fina, levará mais tempo e provavelmente você ficará com uma queimadura de corda.

Plano B: escapando da corda com paracord

Espero que você esteja começando a ver por que é uma boa ideia manter o paracord por perto – ou pelo menos trocar seus cadarços comuns por cadarços de paracord. Este método é um bom backup caso o criminoso que você encontrou seja ótimo em amarrar nós. Essa técnica leva mais tempo – de trinta segundos a cinco minutos –, portanto, você deve usar esse método se tiver sido jogado sozinho em uma sala. Você fará dois laços em cada extremidade de um longo pedaço de paracord e o inserirá no centro da corda entre as mãos (exatamente como você fez ao escapar das amarras). Você terá um laço caindo em cada lado da corda. Insira os pés nas alças, recline para trás e faça o movimento de andar de bicicleta com os pés até serrar a corda.

Como escapar de algemas

As algemas, como você já sabe, não são o método preferido de um criminoso para conter uma pessoa, mas é uma boa ideia saber como se libertar dela de qualquer maneira. Você ficará surpreso com a facilidade para fazer isso. Tudo o que você realmente precisa é de alguns itens baratos. Se você tem esposa ou filha, provavelmente já tem essas coisas espalhadas pela casa – um grampo ou um prendedor de cabelo.

Método um: o grampo de cabelo

É por isso que sempre carrego um grampo de cabelo. Você pode facilmente transformar um grampo barato de uso diário em uma ferramenta que abrirá algemas em segundos. Se você estiver viajando para o exterior, recomendo fortemente que mantenha essa ferramenta no bolso, já pronta.

Etapa um: a ferramenta

Um conjunto de alicates facilitará muito a criação do grampo exatamente da maneira que precisamos. Basta usar o alicate para endireitar o grampo em uma linha reta. Um lado do grampo é liso e o outro tem sulcos. Retire a pequena protuberância na ponta do lado liso do grampo (você pode retirá-la apertando-a com o alicate e puxando-a). Faça uma pequena dobra na ponta do lado liso do grampo. Estou falando de talvez meio centímetro, em um ângulo de cerca de 45 graus. Você está basicamente fazendo uma pequena pá.

Passo dois: fuja da algema

Para o propósito destas instruções, estou falando sobre usar a mão direita. Segure sua mão de forma que os dentes (a parte que vai para dentro da algema) fiquem embaixo. Você só precisa se preocupar com o buraco da fechadura da algema. O buraco da fechadura é um pequeno círculo que tem uma pequena fenda saindo do lado direito. Insira sua pá na pequena parte do buraco da fechadura (não na parte redonda, apenas no pequeno espaço) e coloque o grampo de cabelo nesse pequeno slot até sentir o grampo batendo no metal. Assim que atingir o metal, você puxa o grampo para baixo em direção ao chão e depois para a direita. É importante notar que estes são dois movimentos distintos. Depois que o grampo é inserido, você primeiro puxa para baixo e depois puxa para o lado... não tente puxar em um ângulo ou a algema não abrirá.

Solução de problemas

> Para fins de prática, saiba que é totalmente possível que você desfaça a pequena dobra do seu grampo. Simplesmente dobre a ponta para cima naquele ângulo minúsculo e tente novamente.

> Certifique-se de que você está puxando para baixo e para a direita e que você está sendo suave e gentil. Este não é um processo que requer muita força.

Método dois: um calço feito de uma presilha

Passo um: a ferramenta

Você precisará de uma presilha de cabelo simples e básica, uma presilha de cabelo que se feche com um encaixe. Novamente, essa é uma ferramenta que você deve fazer com antecedência. Seu objetivo final é transformar a presilha em um calço que possa ser usado para bloquear os dentes das algemas para que não se fechem. A primeira coisa que você precisa fazer é quebrar a peça do meio. Você pode apenas dobrá-la para cima e quebrá-la. Então você vai quebrar a porção redonda e mais larga no topo. Você pode usar o alicate para dobrar essa parte para a frente e para trás até que ela se solte. Agora você tem duas peças de metal mais finas presas em uma extremidade que formam um V. As pontas do seu V provavelmente serão curvadas para cima, então pegue seu alicate e endireite-a. As pontas da presilha devem ficar o mais retas possível.

Etapa dois: insira o calço

Para esse método, você trabalhará apenas com a parte da algema onde os dentes são inseridos na braçadeira. Você vai pegar a presilha que transformou em calço e inseri-la no espaço onde vão os dentes, no punho. Você terá que empurrar para baixo os dentes do manguito e, em seguida, empurrar imediatamente o calço até o fim. Empurrar os dentes primeiro lhe dá impulso para empurrar o calço para baixo. Depois de empurrar o calço totalmente para baixo até que não consiga mais, você simplesmente o segurará no lugar e, em seguida, levantará a mão da braçadeira. (O calço bloqueia os dentes da algema para que ela não fique fechada e você possa abri-la.)

Uma nota sobre o desafio do porta-malas

Um dos exercícios mais desafiadores e emocionantes que ensino em meu curso Spy Escape and Evasion é o Desafio do Porta-malas. Depois de dominar a arte de se livrar das algemas, os alunos adquirem habilidades ainda melhores. Nós nos revezamos praticando a fuga de um porta-malas trancado, algemados, com um capuz na cabeça. Parece difícil, mas como meus alunos sabem exatamente o que fazer, eles conseguem, às vezes em meros segundos, com a grande maioria das pessoas escapando em menos de dois minutos.

Se você quer ser aventureiro e recriar o desafio do porta-malas que fazemos no meu curso, há algumas coisas que você deve saber. Primeiro, vá devagar. O porta-malas de um carro é um espaço pequeno e confinado, sua pressão sanguínea vai subir e você vai se sentir compelido a se mover mais rápido. Não faça isso. Vá devagar e mova-se lentamente. Se você deixar cair seu grampo ou calço, será muito difícil encontrá-lo no escuro. Saiba também que todos os carros mais novos têm um botão de liberação de emergência que brilha no escuro. Você deve ser capaz de localizá-lo sem muitos problemas. E se você estiver em um carro de modelo mais antigo que não possui liberação de emergência? Se isso acontecer com você, não entre em pânico. Os bloqueios do porta-malas não são muito fortes. Fique de quatro e empurre o porta-malas com as costas – esperamos que ele se abra, dependendo do modelo do veículo. Outras opções? Chute o banco de trás. Se você vai tentar esse desafio, certifique-se de praticar primeiro os métodos de fuga descritos anteriormente – e tenha um amigo com você para deixá-lo sair se tiver algum problema.

Você foi sequestrado – e agora?

Você deve fazer absolutamente tudo ao seu alcance para lutar contra um sequestrador em potencial. Não é hora de obedecer, mas de chutar, bater, gritar e usar uma arma. Jessica Garner, de Redding, Califórnia, caminhava pela rua quando um homem fez um gesto para ela sugerindo que olhasse os itens que ele estava vendendo em seu Ford Explorer. Quando Garner se afastou, o homem agarrou sua camisa e começou a arrastá-la em direção ao veículo. Ela chutou o homem e conseguiu se libertar. O homem partiu. Um adolescente de raciocínio rápido que havia sido sequestrado e forçado a levar uma mulher de Nova Jersey para a Filadélfia propositadamente colidiu com o carro de um policial. O adolescente conseguiu contar ao policial o ocorrido e o sequestrador foi preso na hora. Nem todo mundo tem a mesma sorte. Carlesha Freeland-Gaither foi sequestrada enquanto caminhava para casa depois de uma festa para seu afilhado. Imagens de vídeo de vigilância mostram um homem parando o carro no acostamento, aproximando-se de Freeland-Gaither e arrastando-a pela rua. A certa altura, ela consegue puxar o agressor para longe do carro, mas, no final das contas, é forçada a entrar.

Se você não conseguir lutar contra os sequestradores, precisa saber que as primeiras 24 horas são críticas. Essa é uma das poucas coisas que eles acertam nos filmes. Uma vez que os sequestradores pegarem você, é provável que eles o movam. É possível que eles o movam para um galpão, ou até mesmo o movam várias vezes, tornando mais difícil para você ser encontrado. O que quer que você precise fazer, certifique-se de escapar nas primeiras 24 horas. Além de ser transferido para um local distante, você provavelmente estará mais forte durante esse período. Em outras palavras, você provavelmente estará com uma barriga cheia de comida e muita água dentro de você. No entanto, daqui a três semanas, você provavelmente estará muito mais fraco e terá muito mais dificuldade de escapar, porque seus sequestradores provavelmente não o alimentarão bem, e você não será capaz de manter sua força.

Assim que ficar claro que você não consegue lutar contra seus agressores, você precisará demonstrar um ato de obediência. Não olhe diretamente para o seu sequestrador e seja submisso. No entanto, só porque você está agindo de forma complacente, não significa que você esteja desistindo – é tudo uma encenação. A razão pela qual você deve agir de forma submissa é que você não quer que os sequestradores pensem que você precisa de medidas de segurança adicionais. Se eles colocaram fita adesiva em você e você está gritando, não quer que eles decidam trancá-lo no porta-malas porque você está sendo um problema. Enquanto você está agindo de modo complacente, deve pensar o mais cuidadosamente possível sobre como escapar. Você está procurando aquele lapso de segurança que permitirá que você se liberte. Então, assim que você vir uma abertura para escapar, e seus sequestradores não estiverem por perto, corra.

Seu espião interior: arrombando fechaduras, pulando cercas e fazendo ligação direta em carros

Eu não recomendo pular cercas de arame farpado apenas para praticar – mas caso você esteja em uma situação real de fuga e evasão, é bom saber como fazer isso. E certamente não vou sugerir que você faça ligação direta em um carro, pois isso seria ilegal (a menos que seja seu próprio carro – e você também não quer fazer isso, pois danificará seriamente o carro). Eu defendo saber como fazê-lo, de forma que você estará preparado caso ligar um carro e ir embora seja a única coisa que possa salvar sua vida.

A cerca de arame farpado

Do que você vai precisar: um material pesado e plano que possa ser usado para cobrir o arame farpado enquanto você escala a cerca. Um cobertor grosso, um colchão ou pedaços muito grandes de papelão.

Como funciona: embora o ideal seja ser extremamente cuidadoso ao passar por uma cerca de arame farpado, não é algo tão difícil de se fazer. Você pegará qualquer material que encontrar para cobrir a cerca de arame farpado, jogará por cima da cerca e a cruzará.

A cerca de arame laminado

Uma cerca de arame laminado é projetada para fazer cortes sérios. Se você tentar pular uma cerca de arame laminado, há uma boa chance de ser tão ferido que sangrará e morrerá – ou pelo menos não irá muito longe. Recentemente, em uma parte da fronteira mexicana, um homem ficou preso no arame laminado tentando cruzar para os Estados Unidos. As equipes de emergência levaram quase uma hora para retirá-lo. Em apenas um ano, 21 pessoas tiveram que ser resgatadas do arame laminado. Isso é algo que você só deseja fazer se for absolutamente necessário e deve ter muito cuidado.

Do que você vai precisar: uma equipe de pessoas, uma bengala ou outro tipo de bastão curvo e um material plano como o que você usaria para escalar uma cerca de arame farpado.

Como funciona: duas pessoas da equipe pegam a bengala ou outro objeto comprido e prendem no arame, puxando os nós para baixo até que fiquem planos. Enquanto dois membros da equipe estão segurando o arame plano, os outros o cobrirão com a superfície plana e escalarão. Uma vez que os primeiros membros da equipe tenham cruzado a cerca, eles usarão a bengala ou o objeto longo para manter a cerca plana enquanto os demais cruzam.

Como fazer uma ligação direta em um carro

Eu realmente espero que nenhum de nós acabe em uma situação tão caótica e desesperadora que sua única escolha seja ligar um carro para escapar. Antes de prosseguirmos, há uma coisa que preciso esclarecer. *Você não pode praticar esta técnica em seu carro – ou no de qualquer outra pessoa.* Isso causará sérios danos ao carro. Eu conheço uma pessoa que realmente se viu em uma situação em que precisava usar esse método. Ele estava nadando em uma lagoa no meio do nada. Adivinha? Deixou as chaves do carro na bermuda e as perdeu na água. Felizmente, seu carro era um modelo mais antigo, e ele tinha ferramentas. Ele foi capaz de seguir essas instruções, fazer uma ligação direta em seu carro e voltar para casa. Obviamente, esse cara estava em uma situação difícil, mas não se esqueça de que fazer isso realmente estragará seu carro.

O carro certo

Antes de entrarmos nos detalhes, quero reservar um momento para falar sobre a aquisição de um carro para ligação direta em uma emergência extrema. Primeiro, dê uma olhada ao redor e veja se há algum carro com as portas destrancadas ou com as chaves no banco. O verdadeiro golpe de sorte seria encontrar um caminhão de reboque destrancado. Por quê? Os caminhões de reboque têm um conjunto principal de chaves, e esse conjunto basicamente o permitirá entrar em qualquer carro. Obviamente, um caminhão de reboque pode não estar ali para ser levado ou você pode não encontrar um carro destrancado. Sua próxima melhor aposta é encontrar um modelo de carro mais antigo – estou falando de 1999 e antes.

Esses modelos de carros mais antigos estão em toda parte. Quando as pessoas começam a notá-los, muitas vezes ficam surpresas com o fato de ainda haver tantos modelos de carros antigos por aí. Faça questão de procurá-los quando você estiver na estrada. Garanto que você começará a vê-los em todos os lugares.

Do que você vai precisar:

> Cortador de arame;

> Alicate;

> Chave de fenda;

> Martelo;

> Luvas isolantes;

> Um carro;

> Fita isolante.

Como funciona: esse é um processo bastante simples, mas eu recomendo manter essas instruções em seu carro, ou talvez em sua bolsa ou mala de laptop, para uma emergência. Como essa não é uma técnica que você possa praticar, é bem possível que você não se lembre de como fazê-la em uma situação de emergência.

1. Assim que encontrar o carro em que vai fazer ligação direta, insira uma chave de fenda na ignição como faria com uma chave. Bata a chave de fenda na ignição com o martelo. Você deve girar a chave de fenda da mesma forma que faria com uma chave na ignição. Se estiver com problemas para girar a chave de fenda, use o alicate para ajudá-lo. Às vezes, se você tiver muita sorte, essa ação é suficiente para ligar o carro.

2. Use uma chave de fenda para remover os parafusos do painel de plástico acima e abaixo da coluna de direção. Quando os painéis forem removidos, você verá vários fios sob a coluna de direção.

3. Localize os dois fios vermelhos. Esses fios fornecem energia ao veículo.

4. Coloque suas luvas isolantes.

5. Corte ambas as pontas dos fios vermelhos e descasque as pontas. Una as pontas dos dois fios vermelhos, torcendo-as. (Um fio vermelho de cada um dos fios que você cortou. Portanto, não torça as pontas do mesmo fio, mas os dois fios diferentes juntos.)

6. Localize os fios marrons; esses fios se conectam ao motor de partida. Alguns carros terão um fio marrom, outros terão dois.

7. Corte ambos os fios marrons e descasque as pontas.

8. Se houver dois fios marrons: encoste os dois fios marrons para ligar o carro. *Depois de ligar o carro, não deixe os fios se tocarem novamente. Eles devem ser mantidos separados.* Você pode envolvê-los com fita isolante para impedi-los de se tocarem. Isso também evitará que você tome um choque.

Se houver um fio marrom: Se o carro tiver apenas um fio marrom, toque o fio marrom nos fios vermelhos para ligar o carro. Assim que o carro ligar, separe os fios e coloque fita isolante na ponta do fio marrom.

Quebrando janelas de carros

Se você precisar arrombar um carro para salvar sua vida e tiver que fazer isso sem ser detectado, a fita adesiva será muito útil. Coloque grandes pedaços de fita adesiva na janela formando um X. Isso evitará que o vidro se estilhace e faça barulho. Além disso, para quebrar a janela, use sua caneta tática ou outro objeto para a atingir nos cantos. É ali que o vidro está mais apertado e com maior probabilidade de quebrar. Se você atingir a janela no centro e o objeto não for forte o suficiente, ele vai ricochetear.

Arrombando fechaduras

Não é preciso dizer que você não deve arrombar a fechadura de ninguém... a menos que eles peçam. Na verdade, sempre me pedem para fazer isso no meu bairro. Se alguém ficar preso, sou eu quem vão procurar. Os conjuntos de fechaduras são baratos e divertidos de usar e, se você seguir estas instruções, será a pessoa para quem os vizinhos ligarão quando perderem as chaves. Além disso, como sempre me perguntam, você não danificará uma fechadura se praticar arrombá-la cinco ou dez vezes. No entanto, se você fizer isso centenas de vezes, danificará a fechadura. Em outras palavras, abrir a fechadura da porta da frente de vez em quando não fará mal algum. Mas se você passar duas horas por dia praticando na fechadura, precisará substitui-la.

Quão segura é a sua fechadura?

Antes de entrarmos no verdadeiro arrombamento de fechaduras, quero falar sobre como é importante que você tenha uma boa fechadura segura em sua casa. Eu estava na área de Salt Lake não muito tempo atrás quando decidi entrar na nova casa do meu irmão. Ele não estava em casa, mas isso não era um problema. Em poucos segundos eu estava dentro da casa e fazendo o lanche. Meu irmão, como a maioria dos americanos, tinha uma fechadura incrivelmente fácil de abrir. Cerca de 75% das fechaduras são feitas pela Kwikset e, na minha experiência, são incrivelmente fáceis de abrir com ferramentas simples. Um criminoso comum provavelmente não terá problemas para arrombar sua fechadura se você tiver uma Kwikset. Essas fechaduras são usadas por empreiteiros em todos os lugares, porque são fáceis de encontrar (você pode obtê-las em qualquer grande loja de materiais de construção) e, claro, são baratas. Eu recomendo que você substitua suas fechaduras se você tiver uma Kwikset. Não é um grande investimento e, como resultado, sua família ficará mais segura. Schlage e Medeco são duas marcas de fechaduras que eu pessoalmente gosto de usar.

A chave em L e a chave de tensão

Tudo o que você precisa para arrombar uma fechadura é uma chave em L e uma chave de tensão. Eu carrego as duas comigo o tempo todo no meu conjunto de arrombamento de fechaduras do tamanho de um cartão de crédito. A parte mais difícil de abrir uma fechadura é encontrar a quantidade correta de pressão ao usar a chave de tensão. Se você usar muita tensão, a fechadura vai entender que é algum tipo de intruso e não abrirá. Você deve usar uma quantidade mínima de tensão. Basicamente, você precisa usar dez vezes menos força do que acha que deve. Portanto, lembre-se disso ao inserir a chave de tensão na etapa seguinte. Esteja ciente também de que abrir fechaduras exige habilidade. Quanto mais você praticar, mais rápido poderá determinar se está executando a técnica corretamente.

Passo um: insira a chave de tensão

Novamente, usando uma pressão leve, insira a chave de tensão na parte inferior da fechadura. A parte longa da ferramenta ficará pendurada para o lado. Coloque o dedo na chave de tensão e aplique uma quantidade absolutamente mínima de pressão.

Passo dois: insira a chave em L

> **Observação:** você deve manter uma pressão consistente na chave de tensão durante todo o tempo em que abrir a trava. Se você aplicar pressão adicional, não vai funcionar.

Você vai inserir a chave em L na fechadura com a parte estriada para cima. Você vai raspar a chave em L para a frente e para trás enquanto aplica uma leve pressão na parte superior da chave em L. Pense na chave em L como uma escova de dentes e você está escovando os dentes da fechadura... esse é o movimento que você deseja usar ao entrar e sair da fechadura.

Passo três: localize o quinto pino

> **Observação:** você arrombou uma fechadura com sucesso quando enganou a fechadura fazendo-a acreditar que todos os cinco pinos foram manipulados corretamente. É muito comum ter quatro pinos movidos depois de apenas alguns segundos, e então você precisará mudar seu movimento para localizar o quinto pino.

Para localizar o quinto pino, você vai mudar o movimento que está fazendo com a chave em L. Agora você vai empurrar para cima e para baixo, certificando-se de que ainda está indo para a frente e para trás da fechadura. Quando o quinto pino é atingido, você sente pressão na chave de tensão e a trava se abre.

Algumas pessoas no meu curso conseguem isso imediatamente, enquanto outras levam mais tempo. Abrir fechaduras, embora não seja difícil de fazer, requer prática. Uma vez que você tenha a sensação de como manipular as ferramentas de uma forma que atinja todos os pinos, você será capaz de arrombar uma fechadura em segundos. Além disso, a beleza dessa técnica é que você pode usá-la não apenas para abrir fechaduras de portas, mas também cadeados e até armários de arquivos. (Rachael Ray me recebeu em seu programa e demonstrei como arrombar a fechadura de um armário de arquivos em menos de trinta segundos.)

5

A CASA IMPENETRÁVEL

Como deixar sua casa à prova de criminosos

Eram cerca de três horas da manhã quando ouvi o barulho. Foi alto o suficiente para acordar minha esposa também. Nenhum de nossos alarmes disparou – mas eu sabia que tinha que determinar imediatamente se alguém havia entrado em nossa casa. Dei início a meu plano de defesa doméstica simples, mas já bem praticado. Peguei minha lanterna na mesa de cabeceira, abri meu cofre, peguei minha arma e subi as escadas. Fiz tudo isso em menos de sete segundos.

Depois de não ouvir nenhum barulho e gritar para sair de casa, desci para vasculhar a casa. Acabou que não havia nenhum intruso. Um colchão de ar caiu de uma prateleira, fazendo um barulho alto. Tudo estava bem naquela noite em minha casa – mas, infelizmente, muitos americanos não têm a mesma sorte que minha família teve.

Invasões de casa podem acontecer em qualquer lugar com qualquer pessoa. Em Millburn, Nova Jersey, um subúrbio da cidade de Nova York, um homem invadiu uma casa onde espancou violentamente uma mãe de dois filhos por dez minutos. O ataque foi registrado graças a uma babá eletrônica. Acontece que o suspeito tinha um passado violento, com doze condenações anteriores. Em Staten Island, Nova York, Peter Gialluisi, de 67 anos, sem saber, encontrou um ladrão em sua garagem depois de voltar para casa de uma festa de família. Ele foi esfaqueado com uma ferida mortal, e sua esposa ficou gravemente ferida.

As invasões de domicílios estão aumentando. Muitas pessoas pensam "Isso não vai acontecer comigo" quando ouvem uma notícia sobre uma invasão domiciliar. Mas há algumas estatísticas do FBI que você deve conhecer:

1. Uma em cada cinco residências será vítima de invasão.
2. 85% dos assaltantes investigam casas antes de uma invasão domiciliar.
3. 50% dos assaltantes fingem ser entregadores (FedEx, UPS etc.) antes de uma invasão domiciliar.
4. 94% dos assaltantes estão drogados quando invadem uma casa.
5. 30% das agressões violentas ocorrem durante uma invasão de domicílio.
6. 60% dos estupros ocorrem durante uma invasão de domicílio.
7. 33% dos assaltantes entram em casa por uma porta ou janela fechada.

Existem também dois tipos de assaltantes. O ladrão diurno é um profissional. Esse é o cara que já deve ter estudado sua casa. Ele sabe quando você está ausente e vai invadir quando você estiver no trabalho. Você não terá ideia de que ele estava lá até ir procurar sua pulseira de diamantes ou seu laptop. Embora eu certamente espere que você não encontre um ladrão durante o dia, você deve saber que os ladrões noturnos são uma preocupação ainda maior. Isso porque o cara que vai te roubar no meio da noite é perigoso. Esse cara provavelmente está drogado ou com problemas mentais e não se importa se você está em casa ou não. Na verdade, ele pode querer que você esteja em casa. Se você estiver em casa, pode dizer a ele onde guarda o dinheiro extra ou como entrar no cofre. Esses caras são cruéis, e você não os quer perto de você ou de sua família.

Pense como um criminoso

Embora tudo isso possa parecer incrivelmente assustador, há boas notícias. Ao nos colocarmos no lugar de um criminoso, podemos facilmente determinar se nossas casas são atraentes para eles. Algumas mudanças muito simples e baratas podem ajudar um criminoso a decidir que deseja ignorar sua casa completamente.

Tática um: estude sua própria vizinhança

Como uma boa caminhada em família pode evitar um arrombamento

A primeira estratégia é literalmente tão fácil quanto dar um passeio pela rua, mas o que você aprende nessa caminhada pode impedir que um ladrão invada sua casa. O que você vê quando olha para todas as outras casas do seu quarteirão? Pense como um ladrão. Qual casa você gostaria de roubar? Quais casas parecem habitadas – como se alguém estivesse em casa agora? Quais casas dão sinais de que não há ninguém por perto? Procure os sinais que um ladrão busca para determinar se alguém está em casa. Observe jornais, correspondências ou quaisquer outros papéis que são entregues. Os jornais estão amontoados na calçada? A correspondência está saindo da caixa de correio? Como está o gramado? Está cortado e bem cuidado? Quem deixa a porta da garagem aberta? (Mais sobre isso adiante.) Todos esses são convites abertos a ladrões – todos sugerem que a casa está desocupada. Também é especialmente importante guardar as latas de lixo depois que o lixo for recolhido. É fácil para os ladrões descobrirem quando é o dia do lixo e anotarem quem ainda está com suas latas de lixo fora alguns dias depois, o que significa que o proprietário provavelmente está fora da cidade. Você quer que sua casa passe uma imagem segura. Observar quem tem esses itens específicos sob controle é o primeiro passo para garantir que sua casa pareça ser a casa mais segura da rua.

Você está esperando um pacote?

Em um bairro tranquilo da cidade de Nova York, um homem de 34 anos abriu a porta para um homem com um pacote da FedEx. O indivíduo foi atingido no rosto por um revólver ao abrir a porta, sendo assaltado por três homens armados. Alguns milhares de dólares em dinheiro, um iPhone e joias foram levados. Em Bowie, Maryland, Richard Peeks estava trabalhando no jardim de sua casa quando foi abordado por um homem vestido como funcionário da FedEx carregando uma caixa. O "trabalhador da FedEx" pediu a Peeks um copo d'água e, antes que ele percebesse o que estava acontecendo, o cara sacou uma arma. Uma mulher de St. Louis, Missouri, tem sorte de estar viva após um confronto com um falso motorista da UPS. Um homem se fez passar por entregador da UPS e disse a Bernice Cook que tinha um pacote para ela. O homem estava segurando uma caixa de papelão e uma prancheta. Ele forçou a entrada em sua casa e começou a amarrar suas mãos e punhos com fita adesiva. Então, prendeu-a com fita adesiva no puxador do fogão da cozinha e exigiu dinheiro e joias.

É crucial ser cauteloso ao aceitar pacotes. Se você não está esperando algo, não atenda a porta. Se você quiser, confirme se o entregador é real, localize você mesmo o número da empresa e ligue para confirmar se há algum pacote para você. Obviamente, se você se sentir ameaçado, deve chamar a polícia imediatamente... mas não acredite simplesmente em alguém só porque ele aparece de uniforme e alega trabalhar para uma determinada empresa.

SE VOCÊ NÃO ESTÁ ESPERANDO ALGO, NÃO ATENDA A PORTA.

Não é apenas com o entregador que você precisa se preocupar

Muitos de nós voltamos para casa e encontramos um adesivo da UPS ou FedEx indicando que há um pacote para nós. Na próxima vez que isso acontecer, remova o adesivo imediatamente e verifique se realmente há um pacote. Esteja atento a qualquer coisa presa em suas portas e janelas em geral. Peter Hart, de Fresh Meadows, Queens, teve a sorte de notar um pedaço de fita isolante preta em sua janela. Ele disse à CBS New York: "O primeiro pensamento inicial foi: o que diabos é isso?". Então ele percebeu: "Será que alguém está marcando a casa?". A fita, como os recibos da FedEx, pode ser usada por ladrões para marcar uma casa que eles estão investigando. Se a fita ainda estiver lá alguns dias depois, eles presumirão que a pessoa não está em casa e prosseguirão com seus planos de invasão. Na Irlanda, gangues criminosas desenvolveram ainda mais essa prática. Marcas de giz começaram a aparecer fora das casas em Dublin e Limerick. Acontece que os símbolos são usados por uma unidade de reconhecimento para comunicar informações aos assaltantes. Eles usaram uma variedade de símbolos que transmitiam "bom alvo", "muito arriscado", "nada que valha a pena roubar", "rico", "casa com alarme", "já foi roubado", até o ainda mais perturbador "nervoso e com medo" e "mulher vulnerável fácil de enganar". Estar ciente de quaisquer papéis, panfletos ou marcações incomuns em sua casa é essencial para manter você e sua família seguros.

Tática dois: cuide de sua própria casa

A maioria de nós provavelmente gasta mais tempo do que gostaria cuidando de nossas casas. Queremos que nossas casas pareçam convidativas e atraentes. Cortamos a grama, plantamos flores e nos orgulhamos de nosso paisagismo. No entanto, é perfeitamente possível que estejamos atraindo mais do que esperávamos com nosso trabalho árduo. Os criminosos também estão olhando para nossas casas – calculando cuidadosamente como seria fácil arrombar e pegar nossos objetos de valor. Infelizmente, algumas das coisas que podemos estar fazendo para tornar nossas casas mais desejáveis são dizer aos criminosos para entrarem e se servirem. É por isso que é importante não apenas investigar sua vizinhança, mas também sua casa, assim como um criminoso faria, para ver quais elementos de sua casa estão tornando você vulnerável a atividades criminosas.

Caminhe ao redor de todo o perímetro de sua casa. Observe todos os lugares onde um criminoso poderia se esconder, incluindo arbustos crescidos demais. Tenha certeza de que, se alguém estiver em seu quintal, você ou seus vizinhos o verão facilmente.

Procure também símbolos que sugiram que sua casa está cheia de objetos de valor. Há um carro caro estacionado na sua garagem? Sua TV de tela plana extremamente grande é facilmente visível do jardim da frente, porque você se esqueceu de fechar as persianas? Não estou sugerindo que você faça sua casa parecer descuidada ou que não goste de seu carro chique, se tiver um. Dito isso, você deve ter cuidado ao anunciar seus objetos de valor para criminosos em potencial. Quanto menos eles souberem sobre o que você tem, melhor.

Limpeza para segurança

Embora a scooter ou bicicleta de uma criança no jardim da frente possa parecer completamente inocente, é importante que esses itens sejam sempre cuidadosamente guardados e trancados no final do dia. Uma scooter é um excelente dispositivo para quebrar janelas de vidro. O mesmo vale para qualquer ferramenta ou outro objeto que possa ser usado como projétil. Quaisquer itens de jardim, pás ou outras ferramentas precisam estar fora de vista e bem trancados.

Tática três: vigie sua casa à noite

Embora você possa aprender muito examinando sua casa durante o dia, é importante repetir o processo à noite. Caminhe pelo perímetro e pense onde você se esconderia se fosse um criminoso. Você saberia se houvesse alguém escondido atrás da área onde você guarda suas latas de lixo? Está muito escuro para saber? Observe os pontos escuros onde os criminosos podem se esconder, especialmente perto da porta da frente. Preste atenção à iluminação. O perímetro da sua casa é bem iluminado? Você seria capaz de ver um intruso se aproximando? Tome nota de quais são os pontos fracos. Abordarei essas questões em um momento em que falarmos sobre truques físicos e psicológicos que manterão os criminosos afastados.

Não se esqueça da garagem

Um assalto violento em Indianápolis poderia ter sido evitado se a porta da garagem estivesse trancada. Por volta das 7h30, quatro homens invadiram uma casa, ameaçando um homem, sua esposa e sua filha. Eles levaram celulares, dinheiro e as chaves do carro. O incidente se tornou violento e a mulher foi baleada na perna. Acontece que a família havia esquecido de fechar a porta da garagem, proporcionando um fácil ponto de entrada para os criminosos. Faça questão de trancar a porta de sua casa que dá para a garagem, assim como faria com a porta da frente.

É fácil esquecer de fechar a porta da garagem. Estamos abrindo para tirar bicicletas e patinetes para crianças ou talvez transportando lixo para a calçada. Esquecemos que, para a maioria de nós, o acesso à garagem significa o acesso à casa. Também é importante bloquear as linhas do local na garagem. Você não quer que os criminosos saibam se há objetos de valor na garagem ou se há ou não um carro lá dentro. Nenhum carro geralmente significa que ninguém está em casa.

Você também precisa encontrar um local de armazenamento seguro para o controle remoto da porta da garagem. Sei que é conveniente deixá-lo no carro, mas pense duas vezes antes de mantê-lo lá quando não estiver no carro. Os criminosos sabem que a maioria das pessoas deixa as chaves ou controles da garagem em seus carros. Se eles quiserem ter acesso à sua casa, tudo o que precisam fazer é abrir a janela do carro e pegar o controle da porta da garagem. Para garantir que você não os ouvirá fazendo isso, eles simplesmente colocarão fita adesiva na janela do carro para minimizar o som do vidro quebrando. Por último, se você estiver ausente por um longo período, tranque sua garagem. Obviamente, isso não é algo com o qual você precise se preocupar todos os dias, mas é uma medida extra de segurança que vale a pena tomar se você estiver de férias.

Truques psicológicos e físicos

Além da segurança física, como luzes com sensor de movimento, fechaduras e um sistema de alarme, é possível proteger sua casa usando uma poderosa combinação de truques físicos e psicológicos. Esses truques são fáceis e baratos e farão com que os ladrões pensem duas vezes antes de roubar sua casa.

Sinalização de segurança residencial

Como eu disse, é ótimo ter um sistema de segurança real, mas, quer você tenha um ou não, os sinais por si só são um grande impedimento. Isso pode parecer bobo, mas se um ladrão pensar que há uma chance de você ter um sistema de alarme, ele provavelmente irá para a próxima casa que não tem nenhum sinal. É por isso que você precisa de um sinal para o seu quintal. Os sinais de segurança geralmente têm cerca de meio metro de altura e são colocados em um poste. Coloque a placa em um local comum no jardim da frente. Você também deve colocar os adesivos de segurança no maior número possível de janelas. Eu recomendo colocá-los em qualquer janela perto de portas, bem como janelas do porão. Portas de vidro deslizantes também devem ter adesivos de segurança.

O cachorro invisível

Se você tem um cachorro, ótimo. Os cães podem definitivamente adicionar outra camada de proteção à sua casa. Quer você realmente tenha um cachorro ou não, compre tigelas grandes para cães para serem exibidas perto da porta da frente e dos fundos. Essa é uma das dicas de segurança doméstica mais fáceis e eficazes que posso lhe dar. Os cães são barulhentos. Os assaltantes não querem lidar com o seu cão. Se eles acharem que é possível que você tenha um, provavelmente pularão sua casa e procurarão um alvo mais fácil.

Estou na câmera?

Os assaltantes não querem ser flagrados cometendo um crime. Câmeras de segurança de verdade são ótimas, mas é compreensível se essa despesa não estiver em seu orçamento. Um ótimo recurso é uma imitação da câmera de segurança real. O que torna o falso eficaz é que ele tem uma luz vermelha piscando operada por bateria e se parece exatamente com o real. Se os criminosos virem uma luz piscando, eles não vão perder tempo se perguntando se a câmera é real. Eles vão sair de lá antes que haja evidências de que eles realmente cometeram um crime.

Um cliente meu decidiu instalar câmeras de segurança falsas. Acontece que, pouco depois de instalar suas câmeras falsas, a casa de seu vizinho foi assaltada. Após o roubo, seu vizinho se aproximou e perguntou se ele poderia retirar as imagens de suas câmeras de segurança para que pudesse ver quem invadiu sua casa e entregar as imagens à polícia. Meu cliente ficou parado por um minuto, um pouco desconfortável, antes de confessar ao vizinho que suas câmeras eram falsas. Certamente é possível que o criminoso tenha fugido de sua casa com as câmeras e luzes piscando e optado pela casa vizinha, menos segura.

O olho mágico: você precisa saber quem está do outro lado

Espero não precisar dizer por que é uma má ideia atender a porta se você não sabe quem está lá. Sinceramente, não abro a porta para ninguém. Não vale a pena. Não recebemos nada em casa (nem mesmo pizza), e eu mando entregar nossa correspondência em uma caixa postal, então não há motivo para alguém que eu não estou esperando tocar minha campainha. Um olho mágico regular e tradicional é definitivamente útil porque você pode ver o que está acontecendo lá fora. Obviamente, você tem que chegar muito perto da porta para usá-lo e não quer que ninguém o quebre. Se você quiser fazer um buraco maior em sua porta, existem grandes orifícios que permitem ver quem está do lado de fora a três metros de distância. Você nem precisa chegar perto de sua porta. Apenas lembre-se, se você não instalar um olho mágico, você precisa saber quem está do outro lado antes de abrir a porta, olhando por uma de suas janelas.

Você não pode simplesmente ignorar

Embora eu acredite firmemente que você nunca deva abrir uma porta a menos que saiba quem está lá, também é importante que você não a ignore. Os criminosos costumam tocar sua campainha para saber se você está em casa. Se você for, eles podem perguntar se você quer que eles façam algum trabalho em sua casa (você não quer). Uma amiga minha ouviu batidas repetidas e insistentes na porta da frente logo depois que ela se mudou para sua casa em Nova Jersey. Ela não conhecia o cara que estava lá, e em seu interior ela sentia que algo estava errado. Ela chamou a polícia, mas nesse meio-tempo as batidas ficaram mais fortes. Ela gritou através da porta: "O que você quer?". E o cara disse: "Ah, essa casa está à venda?" No segundo em que ela disse a ele que não, ele fugiu.

Dois homens em Colorado Springs estão sendo procurados por uma onda de roubos durante o dia. Acredita-se que eles estejam invadindo casas depois de bater na porta da frente e tocar campainhas e descobrir que ninguém atende. Em Greenwood, Indiana, os residentes foram instados a não ignorar as batidas em suas portas. Uma mulher em casa ouviu alguém batendo na porta da frente. Ela ignorou, mas então ouviu uma batida na porta da cozinha. Um indivíduo então tentou arrombar sua porta da frente batendo com o ombro várias vezes. A mulher conseguiu ligar para o 911, e o ladrão fugiu do local.

A porta segura

Então, por que é importante ter um olho mágico e um plano de ação se alguém bate na porta e você não faz ideia de quem é? A porta da frente é por onde ocorrem 70% das invasões de residências. Para a maioria dos americanos, uma trava em uma porta com cerca de dois centímetros de espessura é tudo o que existe entre eles e um criminoso. Uma cena horrível se desenrolou na casa de Enrique Montes, de 59 anos, de Phoenix. Por volta de 12h30, vários homens armados invadiram sua casa arrombando a porta. O primeiro invasor apontou uma arma para Montes. Ele tentou afastar a arma e os dois começaram a lutar. A luta continuou no quarto, no corredor e na cozinha da casa. Um segundo invasor entrou na casa armado com uma es-

A PORTA DA FRENTE É POR ONDE OCORREM 70% DAS INVASÕES DE RESIDÊNCIAS.

pingarda e manteve os outros moradores da casa como reféns. A luta terminou tragicamente, pois Montes foi morto a tiros no peito.

Imagens aterrorizantes de uma mulher se escondendo em seu telhado de um intruso chegaram às manchetes recentemente. Melora Rivera escalou a janela do segundo andar para se esconder no telhado quando percebeu que havia um intruso em sua casa. As fotos mostram a jovem agachada sob o beiral, de pijama, enquanto o intruso sai de uma janela para procurá-la. Acontece que era um sem-teto mentalmente doente. O homem simplesmente abriu uma janela de painel em sua porta da frente e estendeu a mão para destrancá-la. Felizmente, a mulher conseguiu pegar seu telefone para ligar para a polícia antes de escapar para o telhado. Como as duas histórias indicam, ter portas seguras é um componente essencial para manter os invasores em potencial fora de sua casa.

Como atender a porta se for preciso

Como já disse, não abro a porta a menos que esteja esperando amigos ou familiares. Se houver alguém na porta que você não esteja esperando, simplesmente fale com a pessoa do outro lado e descubra o que ela deseja. A maioria das portas da frente não é à prova de som, então você pode conversar sem realmente abrir a porta.

Não sou o único que pode arrombar sua fechadura em menos de trinta segundos

Até agora, a maioria dos meus vizinhos sabe sobre o meu passado. Como mencionei, isso significa que, quando estão presos para fora, geralmente me pedem para arrombar o que for preciso para eles. Eu sou muito bom nisso, e é fácil de fazer. Mas adivinhe? Não sou o único que pode arrombar uma fechadura. Criminosos também podem fazer isso. Existe uma maneira fácil de tornar esse trabalho muito mais difícil para eles – a ponto de eles verem sua fechadura e quererem ignorar sua casa. Mude suas fechaduras. Lembre-se, as fechaduras Kwikset, a fechadura típica que você encontrará em uma nova casa ou em prédios de apartamentos, são fáceis de abrir. Como você aprendeu no capítulo anterior, com um pouco de prática, você pode arrombar essas fechaduras quase tão rapidamente quanto abriria uma porta com uma chave. Invista em uma fechadura sólida e resistente, como as feitas pela Schlage ou Medeco.

Alarme de garagem

Se você mora no final de uma longa estrada rural ou sua casa é bastante isolada, um alarme de garagem pode ser uma medida de segurança que vale a pena tomar. Por mais louco que pareça, não é incomum que ladrões estacionem bem na sua garagem. Eles querem acesso rápido ao carro para uma fuga imediata. Ramona Corrigan, de Orange Park, Flórida, recebeu um dia um telefonema alarmante de um vizinho. Seu vizinho ligou para avisá-la de que um ladrão estava invadindo sua casa. Seu vizinho teve o bom senso de ligar para a polícia quando viu um caminhão estacionado na garagem de Corrigan e notou que a pessoa que dirigia o caminhão havia entrado na casa. Acontece que o ladrão estava se servindo de joias, dinheiro, um revólver e as medalhas militares do pai de Corrigan. Obviamente, não estou sugerindo que você precise chamar a polícia toda vez que uma pessoa usar a entrada de sua garagem para virar o carro. Mas, se você mora em uma área isolada, um alarme de garagem é uma ótima ideia. Também não posso deixar de enfatizar que, se você chegar a casa e encontrar um carro estranho estacionado em sua garagem, não entre. Chame a polícia e não entre até saber que é totalmente seguro.

A casa mais segura do quarteirão: medidas de segurança que você pode tomar hoje

Agora que você examinou sua casa (durante o dia e à noite) e sua vizinhança, você pode começar a implementar algumas das táticas físicas que ajudarão a manter sua casa protegida contra criminosos.

Linhas de visão

Tenha certeza de aumentar a visibilidade em todo o seu quintal o máximo possível. Não deve haver esconderijos. Árvores e cercas-vivas devem ser podadas até no máximo um metro de altura. Considere podar árvores para que os criminosos não possam escalá-las para obter acesso a um segundo andar ou sótão.

Iluminação

Instale holofotes ativados por movimento em sua casa. É um mito que luzes brilhantes ajudarão os ladrões a ver o que estão fazendo. Eles não querem que você os veja, e as luzes brilhantes vão impedi-los de querer roubar sua casa. Certifique-se de que todas as luzes instaladas sejam invioláveis.

Proteja suas janelas

A maioria dos assaltantes entra em uma casa pela porta ou por uma janela aberta. Adquira o hábito de verificar regularmente se as janelas fechadas estão trancadas. Não presuma que só porque um membro da família fechou uma janela, ele se lembrou de trancá-la. Coberturas de janela são fundamentais. À noite, ninguém deve conseguir ver dentro de sua casa. Você não quer que um criminoso possa olhar diretamente para sua janela para ver se você está em casa. Usar cascalho de paisagismo sob as janelas ajuda a eliminar a capacidade de um ladrão se aproximar silenciosamente de sua casa. O som de trituração pode alertá-lo para o fato de que alguém pode estar do lado de fora. Tara Nicole, uma mulher que fez meu treinamento Spy Escape and Evasion, sofreu muito quando criança por causa de uma janela aberta. Tara foi sequestrada pela janela aberta de seu quarto quando tinha seis anos. Tudo o que Tara se lembra é de acordar no hospital cercada por bichos de pelúcia. O sequestrador cortou sua garganta e a deixou para morrer na beira da estrada. Tara teve sorte; anos depois, descobriu-se que seu sequestrador havia sequestrado outras sete crianças. O último que ele sequestrou, ele matou.

Tenha muito cuidado

> Portas para cães são perigosas e não valem a pena. É muito fácil para um criminoso entrar em sua casa através de uma.

> Proteja as unidades de ar-condicionado. Um criminoso pode remover o ar-condicionado rapidamente e ter acesso imediato à sua casa.

> As cercas não irão protegê-lo. As cercas são ótimas para ajudar a manter animais de estimação e crianças seguros. No entanto, uma cerca é fácil de abrir e não leva tempo para escalar. A menos que sua cerca tenha dez metros de altura, ela não vai manter você ou sua família seguros.

Há um intruso – e agora?

Acredite em mim, você não quer esperar até suspeitar que alguém invadiu sua casa para pensar no que fazer. Você não quer ter que descobrir como proteger sua família quando ouvir o som de vidro quebrando. É crucial que você tenha um plano sólido de defesa em casa e também é importante que você tenha tempo para praticá-lo. Deixe-me falar sobre meu plano de defesa doméstica, que, como você deve se lembrar, funcionou muito bem na única vez em que pensei que alguém poderia estar invadindo. Se eu ouvir um som suspeito ou nosso sistema de alarme disparar:

O que vou fazer

1. Vou pegar minha lanterna, abrir meu cofre de abertura rápida e pegar minha arma.

2. Vou correr para o topo da escada, porque a escada é o nosso ponto de bloqueio. Esse é o lugar por onde um criminoso será forçado a passar se quiser chegar até minha esposa e filhos.

3. Vou dizer ao intruso que liguei para a polícia e que tenho arma de fogo.

4. Se o criminoso for tolo o suficiente para subir as escadas para atacar a mim e à minha família, farei o que for necessário para detê-lo.

O que minha esposa fará

1. Minha esposa vai ligar para a polícia.

2. Então ela vai tentar colocar nossos filhos e ela mesma no mesmo quarto enquanto eu estiver no topo da escada bloqueando o ponto de passagem.

Faça o simples

Um bom plano de defesa em casa deve ser simples e rápido. Quando alguém está invadindo sua casa, seu coração vai bater forte – e pesquisas agora mostram que seu cérebro perde pontos de QI durante o estresse. Emoções fortes como medo, ansiedade ou raiva (tecnicamente, alegria também) ativam a amígdala e prejudicam a memória de trabalho do córtex pré-frontal. É por isso que é fácil ficar sobrecarregado em uma situação intensamente estressante. Felizmente, isso é apenas temporário, mas, de novo, você não quer complicar demais seu plano de defesa doméstica e esquecer algo crítico que pode custar sua vida. Seu plano de defesa em casa deve incluir três táticas básicas:

> Lanterna e arma (eu uso uma arma, mas você pode usar uma faca, bastão ou objeto pontiagudo).

> Membro da família que ligue para a polícia.

> Um ponto de bloqueio (posição de defesa) para onde você irá para garantir que ninguém passe por você.

Minha mesa de cabeceira de defesa doméstica

Não há nada pior do que a ideia de ser violado em sua própria casa. Atualmente, tenho algumas coisas na minha mesa de cabeceira para me ajudar a impedir uma invasão de domicílio caso alguém tente entrar. Não há nada extravagante na minha mesa de cabeceira. É pequena. Bem em cima dela, está o meu Microvault Gunvault MV500-STD. Meu cofre de armas é um Sig Sauer P226 carregado. Anexado a essa arma está uma combinação de laser/luz Viridian, modelo C5L. Também guardo um carregador de munição sobressalente no cofre. Também há um telefone celular pré-pago na minha mesa de cabeceira. Esse telefone está sempre lá para que eu tenha pelo menos um celular para uma chamada de emergência. É um telefone reserva além do meu celular normal. Você deve ter uma lanterna funcional disponível o tempo todo. Acontece que eu tenho quatro. (Eu realmente gosto de lanternas, caso você ainda não tenha notado.) Eu tenho a Surefire 6PX Pro, uma Nex Torch TA1 e uma Olight T10, junto com minha Spy Flashlight. Na minha experiência, todas essas lanternas funcionaram bem. Essa é uma configuração simples que me dá o que preciso caso o alarme de minha casa dispare no meio da noite, e eu tenha que agir rápido para proteger minha família.

Onde guardar objetos de valor com segurança em sua casa

Cerca de 95% dos criminosos vão direto para o quarto principal. Os criminosos sabem que o quarto principal é onde o dinheiro e as joias provavelmente estão. É por isso que o quarto principal é absolutamente o pior lugar para guardar essas coisas. Você deve ser criativo sobre onde guardar seu dinheiro e seus objetos de valor em sua casa. Dito isso, não é uma má ideia deixar uma isca no quarto principal. Guardar uma joia ou talvez vinte a cinquenta dólares em cédulas pode levar o ladrão a pensar que pegou tudo.

Livros e despensas: a solução artesanal

Então, onde você deve guardar seu dinheiro? Acredite ou não, mesmo que pareça brega, o livro oco é um lugar perfeito para guardar seu dinheiro. Tenho muitos livros em casa e não há como um ladrão perder tempo abrindo e procurando dinheiro em cada livro. Você pode comprar esses livros on-line ou fazer um facilmente, pegando uma lâmina de barbear e abrindo algumas páginas. Outro truque seguro de armazenamento de dinheiro artesanal é a lata oca. Simplesmente pegue um abridor de latas e abra o fundo de uma lata de legumes – algo que você tem em abundância em sua despensa ou armário. Não retire o fundo da lata, apenas abra. Use um garfo ou uma faca de manteiga para abrir o fundo e insira seu dinheiro. A lata parecerá intacta e um criminoso não vai vasculhar toda a sua despensa procurando por latas suspeitas.

Meu parceiro viaja frequentemente a trabalho. O que posso fazer para manter minha família segura quando estou sozinho em casa?

A coisa mais simples que você pode fazer é obter um sistema de alarme. Algumas pessoas não percebem que você ainda pode usar seu sistema de alarme enquanto estiver em casa durante o dia. Os sistemas de segurança têm um recurso de “permanência” ou “modo doméstico”. Isso basicamente significa que os detectores de movimento estão desligados para que você possa se movimentar livremente. No entanto, o alarme disparará caso alguém abra a porta ou janela. Você saberá imediatamente se alguém invadiu sua casa enquanto estiver dentro dela durante o dia.

Se você estiver sozinho em casa (com ou sem filhos), certifique-se de praticar as mesmas medidas de segurança que fazem parte de sua rotina de segurança. Certifique-se de que a porta esteja trancada e verifique novamente se todas as janelas estão fechadas e trancadas. Certifique-se de trazer sua correspondência e jornais para dentro e de que suas latas de lixo não foram deixadas na rua.

Proteção à prova de fogo

Se você deseja manter objetos de valor protegidos contra incêndio, os cofres à prova de fogo são acessíveis e fáceis de encontrar. Muitos deles são pequenos e perfeitos para documentos, dinheiro e joias. Dito isso, não há nada que impeça aquele ladrão de simplesmente pegar seu cofre e ir embora com o que quer que esteja dentro. Se você optar por essa opção, escolha um modelo que possa ser parafusado ao chão ou encontre um local criativo para esconder seu cofre. Você pode mantê-lo em uma caixa no sótão marcada como “roupas velhas” ou “livros”. Faça o que fizer, lembre-se, não guarde seu cofre à prova de fogo em seu quarto principal.

Se você tiver um cofre para armas, esse também pode ser um ótimo lugar para guardar objetos de valor. No entanto, não guarde sua arma em algum lugar visível, como perto da porta da frente. Também é crucial que o cofre da sua arma esteja firmemente parafusado ao chão.

6

SEGURANÇA EM VIAGENS

Como ficar seguro em aviões, táxis e hotéis

Depois que o voo 1416 da JetBlue perdeu o motor direito, a cabine começou a se encher de fumaça e os passageiros não conseguiam mais ver as pessoas sentadas ao lado deles. O passageiro Jonathon Hubbard disse à CNN que percebeu que "teria dificuldade para respirar em breve", mas as máscaras de oxigênio não caíram. Os comissários de bordo deram a volta e as colocaram manualmente. O avião fez uma curva fechada em direção ao aeroporto. Os passageiros descreveram como o avião estava tremendo e as pessoas choravam, apavoradas com o que estava acontecendo. Felizmente, o piloto conseguiu pousar o avião com segurança e apenas quatro pessoas ficaram feridas. Um voo da Southwest Airlines de Sacramento, Califórnia, fez um pouso de emergência em Los Angeles depois que os flaps das asas não funcionaram bem. Um voo da American Airlines com destino a Dallas circulou no céu por duas horas para queimar combustível a fim de que pudesse fazer um pouso de emergência depois que um pneu do avião estourou na decolagem. Mesmo que esses tipos de incidentes aconteçam, as viagens aéreas continuam sendo a forma mais segura de viajar. Se você estiver voando com uma grande companhia aérea, você tem cerca de uma em 4,7 milhões de chances de ser morto. Dito isso, incidentes acontecem, além de acidentes para os quais você precisa estar preparado, como pousos de emergência (que podem ser igualmente mortais). No caso improvável de haver uma emergência quando você estiver viajando de avião, existem algumas táticas que você pode usar para aumentar suas chances de sair vivo.

Noventa segundos para a segurança

Todos nós já vimos imagens horríveis das consequências de acidentes aéreos. Com base no que a maioria de nós viu nos noticiários, é fácil supor que todas as colisões são igualmente fatais, e você não tem nenhuma chance de sobreviver. A verdade é que a maioria dos passageiros não morre com o impacto da batida, mas sim com a inalação da fumaça que ocorre nos incêndios após o impacto. Em 2005, um Airbus da Air France invadiu a pista em Toronto. O incêndio pós-acidente foi grave, mas todos os 309 passageiros escaparam. Não houve ferimentos com risco de morte. Quando as equipes de emergência chegaram ao local, a maioria dos passageiros já havia conseguido sair da aeronave pelas rampas de evacuação. A FAA exige que todos os passageiros de um avião possam ser evacuados em noventa segundos. Essa pequena quantidade de tempo representa a quantidade aproximada de tempo que você tem para sair antes de morrer por inalação de fumaça ou incêndio.

Em dezembro de 2012, houve apenas duas mortes em um acidente em Rangoon que resultou na queima total de um avião. Um jornalista alemão que estava a bordo descreveu como sentiu o trem de pouso baixar e estava tudo bem. Mas, de repente, as pessoas estavam gritando e chorando em pânico. "Alguns segundos depois, havia fogo na parte de trás e na frente. A fumaça preta encheu o avião, e eu não conseguia mais respirar ou ver nada e percebi que algo muito ruim estava acontecendo." O jornalista lembra que o incidente aconteceu muito rapidamente, com apenas cerca de trinta segundos se passando entre o impacto no chão e a fumaça enchendo a cabine. As saídas de emergência foram abertas pela tripulação de cabine. Todos os passageiros escaparam e o avião queimou completamente em três minutos. Infelizmente, nem todas as emergências têm finais tão positivos.

Em fevereiro de 1991, um USAir 737 e um avião da SkyWest colidiram no Aeroporto Internacional de Los Angeles. Tragicamente, todos a bordo do avião da SkyWest foram mortos. Enquanto a maioria dos passageiros do 737 sobreviveu à colisão, 22 deles morreram quando as chamas e a fumaça tomaram conta do avião, e acredita-se que dezessete desses passageiros estavam se dirigindo para as saídas quando morreram sufocados pela fumaça. James Burnett, chefe da equipe de investigação do National Transportation Safety Board, disse à revista *People*: "Não consigo pensar em um acidente recente em que tantas pessoas se levantaram de seus assentos e não conseguiram escapar". O caos tomou conta, e as pessoas se amontoaram perto de uma saída traseira, tentando desesperadamente sair. A saída estava bloqueada por oito ou nove pessoas. Embora o resultado trágico desse evento tenha sido investigado exaustivamente pelas autoridades, e mudanças sejam feitas continuamente para melhorar os resultados em caso de acidentes e incêndios, existem algumas táticas que você pode adotar para aumentar suas chances de sobrevivência em um acidente, pouso de emergência ou incêndio.

Não congele, mexa-se

Com apenas noventa segundos para sair de um avião em caso de emergência, é obviamente crucial que você aja imediata e rapidamente. É difícil de acreditar, mas diante de uma situação de vida ou morte, não é incomum congelar completamente. Esse é mais um exemplo de como o senso de normalidade nos causa problemas. Dwayne Bennett, que tinha 27 anos na época da colisão da USAir, lembrou à *People* que, enquanto tentava escapar, ouviu uma mulher gritar: "Ajude-me, não consigo sair". Ela estava tão em pânico que não conseguiu desafivelar o próprio cinto de segurança. Essa não é uma reação incomum.

Floy Olson e seu marido, Paul Heck, um professor aposentado do ensino médio, superaram o senso de normalidade e sobreviveram ao pior desastre aéreo da história. Em 1977, 582 pessoas morreram quando dois jatos jumbo 747 colidiram nas Ilhas Canárias. Dez anos após o acidente, Olson contou sua experiência ao *Los Angeles Times*. Ela credita a reação rápida de seu marido por salvar sua vida. "Eu estava em choque e teria morrido se não fosse por meu marido. Ouvi uma mulher gritar: 'Fomos bombardeados!'. Foi o que pensei, e pensei que estava morrendo. Ouvi meu marido gritar: 'Floy, solte o cinto de segurança. Vamos sair!'." Olson e Heck conseguiram subir na asa, mas foram forçados a pular dois andares por segurança. Olson bateu com a cabeça e perdeu a consciência por alguns minutos. Ela conseguiu se forçar a rastejar para longe do avião antes que ele explodisse. Olson também disse ao *Los Angeles Times* que nunca teve medo durante sua fuga. Ela contou: "Muitas vezes me pergunto por quê. Não tive medo e não sei explicar, porque sou uma pessoa muito emotiva. Eu só sabia que tinha que continuar". Ninguém pode prever como se sentirá diante de tal emergência, mas com noventa segundos até que o fogo queime o avião inteiro, você deve motivar a si mesmo e sua família para se mexer imediatamente.

Deixe as coisas para trás

Não é preciso dizer, mas o cérebro se comporta de maneira estranha em emergências – então diga a si mesmo para deixar todos os itens pessoais para trás. Na colisão da USAir, a bolsa de uma mulher ficou presa na saída. Ela insistiu em levá-la, porque tinha medo de perder seus cartões de crédito. Outra passageira lamentou ter deixado seu violino dentro do avião (milagrosamente, o violino foi encontrado mais tarde, ainda intacto). No acidente em Rangoon, a jornalista alemã tentou levar consigo a bagagem de mão. Ela estava preocupada por estar sem passaporte. É claro que todos nós sabemos que, em última análise, coisas físicas, como instrumentos musicais e passaportes, não são tão importantes quanto nossas próprias vidas – mas quando você se depara com um desastre, é perfeitamente possível que precise de um momento para se lembrar de deixar tudo para trás e ir embora.

A regra das cinco linhas

As pessoas muitas vezes acreditam que o lugar mais seguro para se sentar em um avião seja na parte de trás – isso pode ser verdade se o avião atingir o nariz primeiro. Algumas colisões são de cauda primeiro e, nesse caso, você obviamente não gostaria de estar na parte de trás do avião. Para ter as melhores chances de sobrevivência em um acidente ou pouso de emergência, você deseja maximizar suas chances de sair do avião a tempo de escapar da fumaça e do fogo. Sentar-se a cinco fileiras de uma saída maximiza suas chances de sair vivo do avião. Ainda melhor do que cinco fileiras da saída? Obviamente, a linha de saída em si. Reservar um assento no corredor também é preferível. Quanto menor o número de pessoas com quem você precisa lidar para chegar a uma saída, melhor. A beleza da era da internet é que, quando você reserva seu voo on-line, pode escolher seu assento. Portanto, lembre-se da regra das cinco fileiras.

Mais três, menos oito

Mais três, menos oito refere-se aos primeiros três minutos depois que o avião decola e aos últimos oito minutos do voo até o avião pousar. De acordo com os investigadores de acidentes de voo, os acidentes acontecem durante esses períodos. Para aumentar suas chances de sobrevivência durante a decolagem e pouso:

> Faça questão de estar vigilante. Fique alerta. Em outras palavras, não adormeça imediatamente antes da decolagem e certifique-se de estar acordado antes do pouso.

> Mantenha seus sapatos. Também é uma boa ideia pensar em viajar com sapatos confortáveis e seguros (não sandálias).

> Não se deixe sobrecarregar ou distrair por dispositivos ou materiais de leitura.

> Se você bebe, pule os coquetéis antes do voo; não vale a pena.

> Certifique-se de que o cinto de segurança esteja bem preso.

> Anote as saídas e sua distância exata delas contando assentos.

Leia o cartão de segurança

Se você é como a maioria das pessoas, está ocupado olhando para o seu *tablet* ou *smartphone* ou lendo o jornal enquanto os comissários de bordo fazem suas verificações de segurança. É fácil achar que você sabe tudo o que precisa saber – você já ouviu muitas vezes o discurso sobre como prender cintos de segurança e o que fazer se os tanques de oxigênio caírem. No entanto, é importante familiarizar-se com o cartão de segurança sempre que voar. Os aviões são diferentes e, como você já sabe, é essencial saber onde ficam as saídas para o caso de uma emergência. Você também quer se lembrar de qual é a posição do cinto e saber exatamente como a almofada do seu assento funcionaria se você precisasse usá-la como um dispositivo de flutuação. Percebo que apenas cerca de 1% de vocês realmente lerá o cartão de segurança, mas leva apenas dois minutos.

Lista de verificação pré-decolagem

- Conte o número de assentos da sua fileira até a saída mais próxima.
- Tome nota dos arredores. Existe algum obstáculo em potencial com o qual você teria que lidar em uma emergência?
- Mantenha seus sapatos.
- Mantenha o cinto de segurança bem apertado.
- Leia o cartão de emergência.
- Verifique o seu dispositivo de flutuação.
- Fique acordado.

Táxis não são tão seguros quanto você pensa

A maioria das pessoas que viajam a lazer ou a negócios desce do avião e pega um táxi (ou corrida por aplicativo, como o Uber). Na verdade, a corrida de táxi é a parte mais perigosa da sua viagem. Muitos de nós também nos sentimos mais seguros pegando um táxi de volta para casa ou para o hotel depois de uma noite na cidade ou então pegamos táxis para evitar andar sozinhos tarde da noite. Seja qual for o motivo pelo qual você pega um táxi, existem algumas etapas cruciais que você deve seguir para se manter seguro.

Na cidade de Nova York, um motorista de táxi foi recentemente condenado a vinte anos por estuprar uma passageira. Uma jovem de 29 anos cochilou no banco de trás do táxi e acordou sendo agredida pelo motorista. Ela foi contida e mantida sob a ponta de uma faca. Em Kansas City, uma mulher diz que foi abusada sexualmente e roubada por um motorista de táxi. Ela estava embriagada e optou por pegar um táxi para casa depois de ir a bares. Um homem se passando por motorista de táxi tentou estuprar uma mulher na frente de seus três filhos pequenos no Queens, em Nova York. As autoridades afirmaram que não havia nada que indicasse que o homem era um motorista de táxi licenciado.

Os táxis são perigosos. Quando você entra em um táxi, se coloca em uma posição vulnerável. Você não tem ideia de com quem acabou de entrar em um carro e está confiando sua segurança e bem-estar a um total estranho. Os táxis estrangeiros podem ser especialmente perigosos. Uma jovem australiana sobreviveu a um mês de caminhadas nas montanhas dos Andes, na América do Sul, apenas para ser baleada

> QUANDO VOCÊ ENTRA EM UM TÁXI, VOCÊ SE COLOCA EM UMA POSIÇÃO VULNERÁVEL.

por um motorista de táxi em um assalto frustrado. Elizabeth Littlewood e seu namorado estavam a caminho do aeroporto quando entraram no que pensaram ser um táxi normal. Quando o motorista pediu dinheiro em espanhol, a dupla não entendeu o que ele estava dizendo. Elizabeth pensou que o motorista queria que ela saísse do táxi. Ela foi baleada no abdome quando tentou abrir a maçaneta da porta.

Não caia em golpes de táxi

Descrevi as piores situações possíveis com relação a táxis porque acredito em estar informado e seguro. Também quero que você aproveite as férias em família e faça viagens de negócios bem-sucedidas, então acho que você deve estar familiarizado com os golpes comuns que ocorrem nos táxis. Em Las Vegas, o "long hauling", ou levar turistas na rota mais longa possível, tornou-se um problema sério. Um motorista de táxi de Las Vegas que dirige há quatorze anos falou ao *Las Vegas Review Journal*, descrevendo o problema como "verdadeiramente epidêmico" e explicando que os taxistas estavam "criando maneiras mais criativas de levar as pessoas em viagens mais longas". Uma auditoria estadual mostrou que quase um em cada quatro passageiros foram levados em viagens propositalmente mais longas do que o necessário. Felizmente, essa não é uma situação de vida ou morte, mas você ainda está sendo enganado.

Um homem da área de Washington, DC, recentemente se declarou culpado de um esquema no qual se fazia passar por motorista de táxi, pegava jovens, dopava pessoas e as roubava. Nyerere Mitchell convenceu os passageiros a deixarem-no usar seus cartões de caixa eletrônico para sacar dinheiro para suas passagens. Ele escolheria propositalmente caixas eletrônicos onde a máquina só poderia ser usada pelo lado do motorista.

Ele usaria o cartão do passageiro, sacando muito mais dinheiro do que o custo da viagem. Mitchell conseguiu roubar mais de US$ 200 mil de mais de sessenta residentes de DC.

Na cidade de Nova York, milhares de motoristas de táxi cobraram a mais dos passageiros colocando o taxímetro na "tarifa suburbana" em vez da tarifa padrão. Isso custou aos passageiros cerca de US$ 8,3 milhões em apenas dois anos. Em um exemplo particularmente extremo, um taxista pegou um estudante universitário de dezoito anos no aeroporto O'Hare, em Chicago. O aluno era da China e falava pouco inglês. O taxista disse ao aluno que não havia ônibus disponíveis para levar o aluno do aeroporto O'Hare para Champaign, mas que ele o levaria lá pelo "preço baixo de US$ 1.000". Assim que o táxi chegou a Champaign, o motorista exigiu US$ 4.800 do estudante. Uma vez que o estudante não tinha tanto dinheiro, ele entregou cada centavo que tinha ao taxista.

Quando um táxi é sua única opção

Embora existam muitos motoristas de táxi trabalhadores por aí que não querem enganá-lo ou prejudicá-lo de qualquer forma, é do seu interesse estar informado e ciente das situações em que alguém pode levar vantagem sobre você. Mais uma vez, vou lembrá-lo de que a consciência situacional é fundamental. Você deve estar ciente do que está ao seu redor e nunca entrar em um carro com um estranho se for de alguma forma prejudicado. Se você não tiver outra escolha a não ser pegar um táxi para chegar ao seu destino, existem algumas regras básicas que você deve sempre seguir.

Saiba para onde você está indo

Familiarize-se com a melhor rota para o seu destino. Em vez de depender de um estranho para levá-lo do ponto A ao ponto B, diga a ele exatamente qual rota você gostaria de seguir. Preste atenção para onde ele está dirigindo e saiba se ele está desviando de sua rota pré-planejada. Diga a ele imediatamente para retornar à rota correta. Saia do carro se ele não seguir suas instruções.

Faça sua pesquisa

Embora seja essencial manter-se alerta, independentemente do local para onde você viaje, pode ser útil saber que tipos de golpes ocorrem no país específico para o qual você está indo. Por exemplo, em Buenos Aires, os motoristas são conhecidos por dar uma nota falsa. Um motorista aceitará uma nota do turista, depois a trocará por uma falsificada e dirá ao passageiro que não pode aceitar seu dinheiro. Os blogueiros de viagens alertam os turistas que viajam para essa área a dar o dinheiro trocado e ficar alerta ao usar notas de MEX$ 100 e MEX$ 50. Na República Dominicana, há relatos de americanos entrando em táxis sem ar-condicionado no aeroporto. O motorista abaixará a janela e, quando o carro para em um semáforo, um motociclista enfia a mão e rouba tudo o que consegue. Também é útil saber qual é o comportamento padrão ao pegar táxis quando você viaja. É perfeitamente aceitável pegar um táxi na rua na cidade de Nova York, mas pode não ser o caso em Taiwan. Pesquise empresas de táxi confiáveis e mantenha seus números de telefone com você o tempo todo. Além disso, quando estiver no exterior, sempre peça ao hotel em que você está hospedado para chamar um táxi para você e pergunte em quais empresas de táxi você pode confiar.

Somente você decide para onde está indo

Não permita que um motorista de táxi (ou qualquer pessoa) o convença a não ir ao seu destino original. Você nunca deve estar em uma situação em que o motorista tenha controle total – e você não saiba para onde está indo. Não permita que um motorista sugira hotéis alternativos, restaurantes, clubes ou bares e nunca confie nele se ele estiver "levando você por um atalho" para economizar seu dinheiro. É provável que ele esteja trabalhando em conjunto com outra pessoa do estabelecimento – e recomendando-o mediante o pagamento de uma taxa. Desviar-se do seu plano original também o coloca na perigosa posição de não saber onde está ou se o taxista está indo no caminho certo.

É legítimo?

Antes de entrar em um táxi, é essencial verificar algumas coisas simples: (1) As portas devem ter maçanetas por dentro. Se não houver como você sair sozinho do táxi, não entre. (2) Certifique-se de que haja uma foto do motorista, o medalhão esteja afixado e o táxi tenha um rádio. Se algum desses itens estiver faltando, não entre no táxi. (3) Certifique-se de pegar o táxi em um ponto de táxi legítimo. Não pegue carona do cara que está encostado na parede do aeroporto dizendo: "Você precisa de uma carona?".

Táxis não são para dividir

Pode parecer uma boa ideia dividir um táxi com alguém. Você pode pensar que isso reduzirá seu tempo de espera em um aeroporto movimentado ou que faz sentido se você estiver em um local onde é difícil encontrar um táxi. Obviamente, também é mais barato. Dividir um táxi com um estranho o coloca em uma posição vulnerável. A pessoa com quem você está viajando pode ter uma agenda alternativa ou pode estar trabalhando em conjunto com o motorista.

Tornou-se cada vez mais popular o uso de aplicativos que fornecem aos clientes passeios em carros particulares. De acordo com o *Daily Beast*, tem havido dúvidas sobre se tais serviços mantêm as informações do cliente privadas. As mulheres relataram receber mensagens de texto e mensagens via Facebook de motoristas. Algumas relatam que a única maneira de os motoristas entrarem em contato com elas é se ele receber suas informações pessoais ao reservar a viagem. Pense duas vezes antes de entrar em um carro que é operado por uma empresa de tecnologia e pode não usar as mesmas verificações de antecedentes e adotar as mesmas medidas de segurança que outras empresas de táxi.

Não aceite a primeira opção

Depois de uma longa viagem, é natural querer sair do aeroporto ou da estação de trem e chegar ao seu destino o mais rápido possível. No entanto, entrar no primeiro táxi que você vê é um grande erro e pode realmente fazer sua viagem começar com o pé esquerdo. Aeroportos e estações de trem movimentadas geralmente atraem táxis não oficiais, e é melhor ficar com um táxi oficial licenciado na área. Nunca opte por entrar em um táxi porque o motorista está disponível e você deseja evitar uma longa fila em um ponto de táxi. Se não estiver imediatamente claro como pegar um táxi do aeroporto, encontre o balcão de transporte e obtenha instruções. Também é uma boa ideia consultar os preços gerais ou descobrir os custos aproximados antes de sua viagem.

Janelas abertas

Pode ser muito tentador abrir as janelas e aproveitar a brisa, especialmente quando você acabou de começar suas férias. Ao andar de táxi, a regra geral é manter as janelas fechadas – ou apenas ligeiramente abertas se for absolutamente necessário. Os criminosos estão à procura de alvos fáceis, e você não quer anunciar que é um ao abrir sua janela. Os ladrões podem facilmente alcançar e pegar seus pertences quando o carro diminui a velocidade ou para em um sinal vermelho. Claro, você também nunca deve abaixar sua janela se alguém na rua gesticular para você fazer isso.

Seja discreto

Novamente, isso remonta à consciência situacional. Não gaste sua corrida de táxi enviando mensagens de texto em seu *smartphone*. *Smartphones* são fáceis de roubar e atraem ladrões. Você também deve pensar duas vezes sobre sair usando joias caras ou relógios. Não estou dizendo que você precisa se vestir como um desleixado quando viaja, apenas que você deve estar ciente de exibir objetos de valor que irão tentar os criminosos. Drew evitou uma situação potencialmente perigosa depois de fazer minha aula. Ele estava nas férias de sua vida com sua esposa e filho e filha adultos. Eles estavam viajando para a Escócia, Inglaterra, Holanda e França. Quando chegaram à estação de trem de Paris, o conhecimento de Drew sobre segurança em viagens e consciência situacional foi muito útil. Ele descreve a saída da estação de trem e o encontro com multidões malucas. Não ficou imediatamente claro onde os pontos de táxi estavam localizados. A esposa e a filha de Drew se separaram dele no meio da multidão e, antes que ele pudesse alcançá-las, um homem apareceu perguntando a sua esposa se ela precisava de um táxi. Ela disse que sim e explicou ainda que precisariam de um táxi grande, pois tinham muitas malas e eram um grupo grande. O homem respondeu com um grande sorriso que ele tinha o carro certo. A esposa de Drew sentiu que teve um golpe de sorte. O homem pegou a bolsa dela e começou a sair rapidamente da estação. Ele pediu que seu filho e sua filha o seguissem. Drew disse que seu nível de alerta aumentou imediatamente. Ele sentiu que essa situação era muito fácil, muito rápida e muito sortuda. Sentiu que, se era bom demais para ser verdade, provavelmente era um problema. Drew decidiu se concentrar e levar a sério o que estava acontecendo. Ele os perseguiu até uma esquina, onde encontrou sua família sendo levada a uma grande van sem identificação. Um homem imponente e hostil estava esperando na van e disse à família que eles deveriam entrar na van e que ele carregaria suas malas para eles. Drew verificou sua caneta tática e disse com firmeza: "Não. Isso não parece certo, entregue nossas malas de volta agora". O filho de Drew começou a tirar a sacola das mãos do homem maior. Drew começou a fazer perguntas. "Onde está sua licença? Onde está a luz do táxi no veículo? Onde está o seu medidor?" O homem menor continuou sorrindo e tentou convencê-los de que eles eram um "táxi particular especial" e que a família deveria se sentir sortuda por avistá-los. A esposa de Drew, infelizmente, não compartilhava de seu sentimento de preocupação e não queria arrastar as malas de volta para a longa fila de táxi. Drew sentiu fortemente que aquele não era um táxi oficial, e eles estavam potencialmente entrando em uma situação muito perigosa. Ele sente que sua família realmente se esquivou de uma bala e, no mínimo, eles teriam acabado muito longe de seu hotel com uma conta enorme. A verdadeira fila de táxi durou trinta minutos e Drew teve que pagar por dois táxis para acomodar sua família e todos os seus pertences, mas eles acabaram chegando ao destino com segurança. Os instintos de Drew estavam totalmente corretos. Essa situação estava cheia de sinais de alerta e, graças ao seu conhecimento sobre segurança em viagens e ao bom uso da consciência situacional, sua família pôde continuar aproveitando as férias com segurança.

Você está preso na parte de trás de um táxi e precisa sair. O que você faria?

Primeiro, eu tentaria abrir a porta para ver se consigo sair em um semáforo. Se as portas estivessem trancadas, eu teria que abrir uma janela com um chute. Para chutar facilmente uma janela, você deve se deitar de costas. Você usará a força de ambas as pernas para quebrar o vidro na parte inferior direita da janela – onde será mais fácil quebrá-la. Mantenha as pernas juntas e comece a chutar aquela parte da janela com os dois pés até que o vidro se quebre. Nesse tipo de situação, é preciso lembrar que o vidro é mais apertado nos cantos, pois é aí que você terá mais chances de quebrá-lo. Se você chutar o centro da janela, seus pés vão ricochetear.

Segurança em hotéis

Todos nós gostaríamos de acreditar que estamos seguros quando dormimos profundamente em um quarto de hotel, mas esse não é necessariamente o caso. O boxeador Mike Tyson acordou com um farfalhar em seu quarto de hotel no Cosmopolitan de Las Vegas. Felizmente para o intruso, ele escapou antes que Tyson percebesse o que realmente estava acontecendo. Em Orlando, Flórida, uma mulher estava chorando, gritando e batendo na porta de um quarto de hotel em um Super 8. Os homens lá dentro olharam pelo olho mágico e viram a mulher que eles acreditavam precisar de ajuda. Eles abriram a porta e vários homens entraram na sala e assaltaram as vítimas sob a mira de armas. Durante uma série de assaltos em um distrito hoteleiro na área de Orlando, um turista foi baleado quando voltava do Walt Disney World. O turista e seu irmão foram empurrados para o quarto de hotel do segundo andar pelos ladrões. Em Hyannis, Massachusetts, um casal de idosos da Pensilvânia foi assaltado com uma faca logo após o check-in, em seus quartos de hotel. Eles estavam destrancando a porta do quarto quando um homem empurrou a mulher e forçou a entrada. Mike McGowan, 78 anos, acabou em uma luta livre com o ladrão. McGowan foi virado de bruços enquanto a faca era apontada para ele e sua carteira foi roubada.

Hotéis e incêndios

Incêndios em hotéis também são motivo de preocupação. Dez anos depois de sobreviver ao incêndio do MGM Grand Hotel, o segundo pior incêndio em hotel da história americana, Rafael Patino compartilhou sua história com o *Los Angeles Times*. Em 21 de novembro de 1980, 84 pessoas morreram e 679 ficaram feridas depois que o incêndio começou por um problema elétrico em um restaurante no andar térreo. O incêndio se espalhou rapidamente devido à presença de materiais combustíveis e à falta de *sprinklers*. Roy L. Parrish, o chefe dos bombeiros na época, disse que, quatro minutos depois que o incêndio se alastrou além do restaurante, atingiu as portas da frente do saguão e quebrou todos os vidros. O fogo estava viajando a cinco metros por segundo. Patino e sua esposa, que estavam no hotel para uma convenção, estavam hospedados no 16º andar. Eles perceberam que o hotel estava pegando fogo apenas depois de olharem pela janela. Não havia alarmes ou *sprinklers* para indicar que algo estava errado. Os Patinos saíram do quarto, mas se depararam com uma parede de fumaça preta tão espessa que se perderam por um instante. Felizmente, ao contrário de muitos outros hóspedes que deixaram seus quartos, o Sr. Patino guardou a chave do quarto e conseguiu entrar novamente. O casal lembra a experiência lancinante de enfiar toalhas embaixo da porta para impedir a fumaça de passar e de se esconder embaixo de uma tenda feita de cortinas em sua varanda. O vidro estava explodindo para fora das janelas, e eles se amontoaram na varanda por mais de duas horas enquanto esperavam para serem resgatados. Os Patinos acabaram sendo resgatados, mas muitos outros não tiveram a mesma sorte. A maioria das vítimas morreu entre o 19º e o 24º andar, onde a maior parte da fumaça subia pelos poços dos elevadores e dutos de ar-condicionado.

Obviamente, os hotéis costumam ser uma parte necessária da viagem – seja a negócios ou a lazer. Não estou sugerindo que sua família não tire férias devido aos perigos potenciais dos hotéis ou que você pare de viajar a trabalho.

Tive a sorte de viajar para lugares como França, Itália, Suíça, Áustria e Grécia. E conheço muitas pessoas maravilhosas viajando pelo país, dando minhas aulas de Spy Escape e Evasion. No entanto, sempre faço questão de seguir algumas regras de segurança muito básicas, mas importantes, ao me hospedar em um hotel. Também tenho certeza de ter alguns itens comigo para ajudar a garantir minha segurança.

Como desfrutar de uma estadia segura em um hotel

Onde reservar seu quarto

> Fique entre os andares três e seis. Os criminosos visam os dois primeiros andares, porque podem roubar rapidamente os quartos e, em seguida, ter acesso rápido a um carro de fuga. Você não deve ficar acima do sexto andar, porque nos Estados Unidos uma escada de caminhão de bombeiros só chega até o sexto andar. Se houver um incêndio e você estiver no 77º andar, terá um longo caminho a percorrer.

> Não fique perto de uma escada. Os criminosos costumam ter como alvo os quartos próximos às escadas, pois fornecem acesso fácil para escapar.

> Pratique a consciência situacional e certifique-se de não ser seguido para fora do elevador. Se você suspeitar de que está sendo seguido para fora do elevador, não entre no seu quarto. Peça ajuda. Dependendo da gravidade da situação e do que seu instinto lhe diz, você pode ligar para a recepção ou para a polícia.

Proteja a si e aos seus pertences

> Não se esqueça de usar o seu cadeado. Assim que entrar no quarto, tranque a porta.

> Use um batente de alarme de porta. Esse é um item de segurança muito barato que pode salvar suas férias – se não sua vida. Basta definir o alarme na frente da porta enquanto esti-

ver no quarto, e ele será acionado automaticamente se alguém abrir a porta, resultando em um som extremamente alto.

Proteção contra incêndio em quarto de hotel

> Localize as saídas. Antes de se instalar em seu quarto, encontre as saídas e observe quantas portas existem. Observe se você precisa virar uma esquina e qual caminho você deve seguir. Você precisa localizar as saídas rapidamente, mesmo que não consiga ver.

> Considere investir em capuzes de fumaça e máscaras de gás. Isso é crucial se você precisar viajar para um país do terceiro mundo. Isso é o que os agentes executivos de proteção carregam consigo quando protegem pessoas em certas áreas no exterior.

> Traga uma bolsa de fuga do hotel. Esta é uma bolsa simples e leve que contém alguns itens essenciais que podem salvar sua vida. Uma bolsa de fuga de hotel geralmente contém cerca de quinze metros de corda (cerca de três metros por andar), luvas para evitar queimaduras com a corda e um mosquetão que pode suportar um peso de cerca de quinhentos quilos. Isso é tudo de que você realmente precisa para sair com segurança de um quarto de hotel. No caso de precisar escapar, você prenderia o mosquetão em torno de um móvel pesado (ou nas dobradiças da porta) e, em seguida, usaria a corda para se projetar em segurança através de uma janela.

Pense duas vezes sobre o seu destino de férias

A última coisa que você quer fazer nas férias é se preocupar com crimes violentos. As férias devem ser um momento de diversão e relaxamento, por isso recomendo que você pense com cuidado ao reservar férias em determinadas áreas. Embora seja sempre importante se familiarizar com as áreas para as quais você está viajando, alguns lugares simplesmente se tornaram muito perigosos para os viajantes, na minha opinião. Esses destinos incluem o México, que é atualmente a capital mundial do sequestro e também conhecido por roubo de carros, em rodovias e por grupos criminosos organizados, e o Caribe – particularmente a Jamaica, que tem uma das taxas de homicídio *per capita* mais altas do mundo.

Embora existam inegavelmente muitos lugares maravilhosos para visitar no Caribe e no México, é muito importante que você entenda os perigos de viajar para esses lugares. Só porque você está hospedado em um resort bonito e bem-administrado, não significa que o crime e a pobreza que esses países sofrem deixam de existir. Informe-se sobre os riscos potenciais ao fazer planos de viagem e, como sempre, pratique a consciência situacional o tempo todo.

7

COMO DOMINAR A CONTRAVIGILÂNCIA COMO UM PROFISSIONAL

Muitas pessoas estão familiarizadas com os assassinatos de Cheshire, a trágica invasão de domicílio que tirou a vida de Jennifer Hawke Petit, de 48 anos, e de suas duas filhas, de onze e dezessete anos. A Sra. Petit estava fazendo compras com Michaela no ShopRite local quando o criminoso de carreira Joshua Komisarjevsky notou um grande anel de diamante em seu dedo. Komisarjevsky seguiu Petit e sua filha enquanto faziam compras e depois as seguiu até o carro. Komisarjevsky seguiu os Petits até sua confortável casa no subúrbio. Mais tarde naquela noite, Komisarjevsky se encontrou com outro criminoso de carreira. A dupla entrou pela porta aberta da casa de Petit, onde agrediram e assassinaram as duas meninas e sua mãe. O Sr. Petit foi o único sobrevivente.

A família Petit era muito respeitada e reverenciada em sua comunidade. Eles não tinham motivos para acreditar que alguém desejaria prejudicá-los. Infelizmente, a tragédia de Petit ilustra como pode ser perigoso quando um criminoso acredita (seja verdade ou não) que você tem algo que ele deseja desesperadamente.

Os criminosos geralmente seguem, observam ou perseguem suas vítimas antes de cometer um crime. Na maioria dos sequestros, assaltos e invasões de domicílio, a vítima esteve sob vigilância de alguns minutos a algumas horas, alguns dias ou semanas. Na cidade de Nova York, um predador sexual atacou uma mulher depois de segui-la até sua casa desde o Grand Concourse, no Bronx. Na Carolina do Norte, uma mulher foi seguida até sua casa por um homem que estava atrás dela no trânsito, alegando que precisava avisá-la sobre danos em seu veículo. Ele entrou no apartamento dela e a agrediu sexualmente antes que ela pudesse trancar a porta. Todos esses incidentes são trágicos e, sem dúvida, causaram intenso trauma e dor no coração das vítimas e suas famílias. Felizmente, ensinei com sucesso milhares de pessoas a executar a contravigilância e a determinar rápida e facilmente se estão sendo seguidas. Ter as habilidades e capacidades para saber que você está sob vigilância é fortalecedor. Estar ciente de que você está sendo seguido oferece a oportunidade essencial de agir para garantir sua segurança.

O que exatamente é vigilância?

Quando se pensa em vigilância, a pessoa comum provavelmente imagina alguns caras estacionados em uma van com equipamento de vídeo, castanhas e muito café. Ou talvez a palavra vigilância faça você pensar nas muitas câmeras de segurança que encontra ao longo do dia. O que exatamente é vigilância? A vigilância é usada para monitorar comportamentos, atividades ou qualquer outra informação que possa mudar. É geralmente usada para influenciar, gerenciar ou proteger as pessoas. Existem muitos tipos diferentes de vigilância com os quais a pessoa comum entra em contato. A maioria de nós está acostumada a ver câmeras que registram atividades em todos os lugares, de estádios e aeroportos a restaurantes e escolas. Todos nós já ouvimos falar da vigilância que ocorre em redes sociais como Facebook e Twitter, onde as informações são usadas para criar mapas de redes sociais e os dados são extraídos para obter informações úteis sobre possíveis terroristas. Apenas algumas das muitas outras formas de vigilância incluem vigilância corporativa, criação de perfil, vigilância aérea e vigilância biométrica. Por exemplo, sou o CEO de uma empresa chamada Global Protection and Intelligence. Somos uma empresa de proteção executiva e investigações. Muitas vezes somos contratados por celebridades para vigiar cônjuges ou amantes que possam estar traindo-as.

Sem anos de meticuloso trabalho de vigilância, Osama Bin Laden nunca teria sido morto. A caçada a Osama Bin Laden (também conhecido por seu codinome "Geronimo") envolveu interrogatório de detidos da CIA em prisões secretas, espionagem de telefonemas e e-mails, coleta de 387 imagens infravermelhas e de alta resolução do complexo de Abbottabad, instalação de *spyware* e dispositivos de rastreamento, uma frota de satélites coletando sinais eletrônicos sobre o Paquistão, drones avançados e até uma equipe de agentes da CIA sequestrados em uma casa alugada para determinar se Bin Laden realmente estava lá. E em dois de maio de 2011, depois de usar todas as táticas de vigilância do governo dos Estados Unidos, o diretor da CIA, Leon Panetta, conseguiu anunciar ao presidente e seus assessores reunidos na sala de situação da Casa Branca: "Geronimo EKIA". Ou Osama Bin Laden – inimigo morto em ação.

A captura de Osama Bin Laden é obviamente um exemplo extremo do que pode ser realizado com táticas de vigilância de alta qualidade. O que nos preocupa é a vigilância que um criminoso pode usar em você.

A maioria dos crimes são crimes de oportunidade

O americano médio pode pensar que não tem um motivo real para fazer vigilância ou contravigilância, exceto, talvez, para ver se o filho adolescente está realmente indo para onde diz que está indo. No entanto, como indicam as histórias anteriores, é muito comum um criminoso seguir a vítima até sua casa e esperar o momento perfeito para invadi-la e roubar você – ou coisa pior.

O artigo de Brad Heath, "The Ones That Get Away", para o *USA Today* lançou luz sobre um desenvolvimento terrível na aplicação da lei. A polícia e os promotores estão permitindo que dezenas de milhares de criminosos procurados saiam em liberdade simplesmente cruzando a fronteira do estado. O *USA Today* descobriu que aproximadamente 3.300 desses indivíduos foram acusados de agressões sexuais, roubos e homicídios. A polícia em cidades com alta criminalidade, incluindo Atlanta, Little Rock e Filadélfia, disse ao FBI que não perseguiria 90% de seus suspeitos em outros estados. O *USA Today* descobriu que entre os indivíduos que não seriam perseguidos estão um homem da Flórida que cortou o pescoço de seu colega de quarto com um facão após uma briga por causa de uma lata de cerveja e dois dos fugitivos mais procurados de Pittsburgh. Não estou sugerindo que você viva sua vida com medo desses criminosos que encontraram uma maneira de escapar da justiça às custas da sociedade. No entanto, acredito que, armando-se com minhas táticas de Spy Escape e Evasion, será possível manter você e sua família a salvo de criminosos violentos.

Lembre-se, a maioria dos crimes são de oportunidade. Isso significa que os criminosos estão procurando as circunstâncias perfeitas para cometer seus crimes. Armando-se com os fundamentos simples da vigilância, você pode fazer o possível para garantir que não se encaixará na imagem da vítima ideal de um criminoso.

Você saberia se estivesse sendo seguido?

Você acha que saberia se estivesse sendo seguido? Provavelmente, a menos que você esteja usando minhas técnicas de Spy Escape e Evasion, você não saberia. Todos os anos, meus colegas de faculdade e eu nos encontramos em Las Vegas para o torneio de basquete March Madness. Nós nos divertimos muito – um grande grupo de caras saindo, assistindo a vários jogos em várias telas e comendo uma quantidade insana de cachorros-quentes. Certo ano, meu amigo Adam se levantou e saiu enquanto assistíamos a um dos jogos. Ele também estava agindo de forma estranha, não dando uma resposta direta sobre para onde estava indo e quase gaguejava antes de nos dar a resposta: "Vou ao banheiro". Finalmente, decidi segui-lo para ver o que estava acontecendo. Eu o segui por todo o cassino e ele não me viu. Mantive distância, usando as máquinas caça-níqueis como cobertura e tendo muita paciência em minha busca. Eventualmente, eu o segui até o Sports Book. Acontece que ele havia feito uma aposta em outro jogo e continuou saindo para verificar sua aposta. Ele não nos disse para onde realmente estava indo porque sua aposta estava indo mal, e ele definitivamente sabia que iríamos zombar dele por fazer uma aposta tão terrível. Adam não tinha ideia de que eu o estava seguindo até que me aproximei dele no Sports Book. Felizmente para Adam, eu era apenas um amigo preocupado, e ele não estava em perigo de nada, apenas, talvez, de ser ridicularizado. Se Adam tivesse alguma consciência situacional, mesmo que tivesse olhado por cima do ombro apenas uma vez, ele teria me visto. Eu não estava exatamente tentando ser James Bond – não estava preocupado em ser pego, só queria saber o que ele estava realmente fazendo.

Por que alguém iria me seguir?

Você certamente não precisa estar trabalhando para a CIA para alguém querer segui-lo. Embora possa parecer incrivelmente improvável que alguém queira seguir você, há muitos motivos pelos quais uma pessoa pode colocá-lo sob vigilância. Se você já esteve envolvido em um divórcio, batalha por custódia, ação judicial ou disputa com um colega de trabalho, é possível que alguém tenha ficado com raiva o suficiente para querer prejudicá-lo. Pode ser algo tão simples como ocupar acidentalmente uma vaga de estacionamento que outra pessoa estava esperando, ou talvez um criminoso tenha decidido que parece que você tem dinheiro e vale a pena roubá-lo.

Seja qual for o motivo pelo qual uma pessoa pense que deve colocá-lo sob vigilância, é melhor praticar a atenção constante e permanecer em código amarelo para garantir sua segurança. No caso de você estar sendo seguido, é provável que o indivíduo ou os indivíduos que o seguem sejam pessoas comuns – uma pessoa rancorosa ou um criminoso comum que está procurando algum dinheiro para sua próxima dose de drogas. Embora isso pareça alarmante, a boa notícia é que, seguindo algumas etapas simples, você pode determinar facilmente se está sendo seguido por um amador. Se você descobrir que está sob vigilância, poderá tomar as medidas cabíveis para evitar um confronto perigoso.

Estou realmente sendo seguido?

Um oficial da CIA sabe como é crucial executar uma rota de detecção de vigilância se você acha que está sendo seguido. Embora isso possa parecer complicado, na verdade não é difícil de fazer. A história a seguir é um ótimo exemplo de como uma pessoa comum pode executar uma rota de detecção de vigilância para determinar se está em perigo. Hannah, uma jovem de vinte e poucos anos do Brooklyn, lembra-se claramente do dia em que foi seguida. Ela estava procurando bolsas em uma grande loja de departamentos, em um bairro movimentado do Brooklyn. Logo suspeitou que algo não estava certo. "Eu notei um cara que não parecia realmente interessado em bolsas. Achei estranho, mas ignorei", lembra ela. Ainda preocupada com o fato de essa pessoa estar prestando muita atenção nela, Hannah decidiu entrar na seção de perfumes. "O cara parecia estar me seguindo, mas eu ainda pensei que estava apenas sendo paranoica." Hannah queria ter certeza absoluta de que estava sendo seguida, então decidiu subir para a seção de calçados femininos, pensando que, se ele aparecesse ali, com certeza a estaria seguindo. O homem acabou no departamento de calçados femininos, observando Hannah enquanto falava ao celular. "Senti meu coração afundar, comecei a sentir pânico e medo. Comecei a me perguntar por quanto tempo esse cara estava me seguindo, tinha sido o dia todo? E se ele estivesse me seguindo há semanas? Eu não tinha ideia de o que fazer." Hannah se lembra de ter medo de fazer uma cena em público, mas percebeu que precisava tomar a decisão de não viver com medo ou deixar que alguém a intimidasse. Ela caminhou até o homem e disse: "Com licença". Hannah lembra que ele apenas virou a cabeça lentamente e se afastou, recusando-se a olhá-la nos olhos. "Depois de alguns minutos, ele estava de volta, então decidi encontrar um segurança." Quando o homem a viu falando para o segurança, ele abaixou a cabeça e saiu rapidamente da loja. Felizmente, Hannah não encontrou o homem novamente e aprendeu a ficar vigilante sobre o que está acontecendo ao seu redor. Ela realmente executou uma rota de detecção de vigilância perfeita. Ela passou das bolsas aos perfumes e aos sapatos, sabendo que se alguém traçasse exatamente o mesmo caminho, dificilmente seria coincidência. Estava claro que ela estava sendo seguida.

Conscientização situacional é o primeiro passo

Como Hannah, se você estiver focado no que está ao seu redor, é muito provável que perceba se está sendo seguido. Mantenha a cabeça erguida, fique atento e faça questão de observar as pessoas ao seu redor (ou carros, se estiver em seu veículo) o tempo todo. Se a atenção de Hannah estivesse em mensagens de texto, em falar ao telefone ou em conversar com um amigo, ela poderia não ter notado um homem rondando o departamento de bolsas. Ele poderia tê-la seguido por toda a loja sem que ela soubesse. Não posso deixar de enfatizar que, se você não estiver operando em código amarelo, não notará se um criminoso o está avaliando para ver se você será uma boa vítima. Hannah primeiro suspeitou que estava sob vigilância quando um homem apareceu em uma seção de uma loja onde ele não parecia pertencer. Ela conhecia a base de referência da seção de bolsas, e esta não incluía muitos compradores do sexo masculino. Esse foi um bom indicador de que alguém estava tentando segui-la.

A experiência de Hannah se encaixa em uma regra prática que seguimos no mundo da inteligência:

Uma vez = um acidente

Duas vezes = coincidência

Três vezes = ação inimiga

Claro, é perfeitamente possível que ele estivesse procurando um presente para sua mãe ou namorada. Hannah sabiamente executou uma "rota de detecção de vigilância", indo até a seção de sapatos femininos para confirmar que o homem estava seguindo-a. Então o homem apareceu pela terceira vez. Ficou claro que ele estava se concentrando em Hannah e que ela precisava tomar uma atitude imediata para se manter segura. Falar com o segurança e ficar em um lugar público lotado era absolutamente a coisa certa a fazer, negando-lhe a oportunidade de continuar a segui-la.

Para garantir que você não está sob vigilância, fique atento. Preste atenção extra. Um oficial da CIA sempre observaria os seguintes cenários:

> **Uma pessoa andando muito perto de você na rua:** como mencionei, uma pessoa que pretende fazer mal a você começará a acompanhar seu ritmo. Se você der pequenos passos, ele os acompanhará etapa por etapa. Esse é um grande indicador de que algo vai acontecer.

UMA PESSOA QUE PRETENDE FAZER MAL A VOCÊ COMEÇARÁ A ACOMPANHAR SEU RITMO.

> **Alguém fazendo contato visual intenso com você:** se uma pessoa está olhando para você, isso é um sinal de que algo vai acontecer. As pessoas geralmente desviam o olhar quando alguém encontra o seu. Essa é a reação humana normal.

> **Uma pessoa que parece muito interessada em você:** se alguém estiver aparecendo no mesmo lugar e na mesma hora durante sua rotina diária (local de desembarque da escola, café, ponto de ônibus, academia), monitore essa pessoa e fique de olho nela.

Não descarte quaisquer sentimentos desconfortáveis que você possa ter, incluindo mal-estar, ansiedade, dúvida, suspeita, hesitação ou medo.

Se uma ou mais dessas ações estiver ocorrendo, é possível que você esteja sob vigilância.

Vigilância no carro

Também é possível que você seja seguido em seu carro. Você pode notar um carro em particular que nunca viu antes passando por sua vizinhança. Talvez veja um veículo fazendo as mesmas curvas que você em seu trajeto, dirigindo para o supermercado ou para casa. Ou você pode notar alguém passando por você ocasionalmente, depois mudando de faixa e voltando novamente. Para confirmar que está sendo seguido por outro carro, tente o seguinte.

Se você estiver na estrada, saia dela e retorne. O carro continua atrás de você ao retornar? Propositalmente e com cuidado, diminua a velocidade. O carro que você acha que o está seguindo está dirigindo na mesma velocidade? Por exemplo, se você estiver dirigindo a 120 quilômetros por hora na rodovia, reduza para 100. Todos os outros carros ainda devem ultrapassá-lo, mas se o carro que você acredita estar te seguindo também diminuir a velocidade, você saberá que está sendo seguido.

Se você está percebendo algum desses padrões, é possível que esteja sendo vigiado.

Estou sendo vigiado: e agora?

Não é suficiente apenas determinar se você está sendo seguido. A pessoa que está perseguindo você deve ser confrontada. A história de Helen é um exemplo perfeito de quão poderosa essa técnica pode realmente ser. Helen estava subindo a colina em direção à sua pista de corrida favorita quando notou um homem caminhando com um cachorro grande. Ela teve a sensação de que algo não estava certo. Pouco tempo depois, ele estava apenas um pouco atrás de Helen, que estava ficando cada vez mais desconfortável. "Todas as minhas bandeiras vermelhas e alarmes dispararam para dizer: 'Você não está segura, isso não está certo', então tomei uma decisão com base nesse sentimento." Helen parou, virou-se e de forma deliberada olhou diretamente para o homem que a seguia. Isso sinalizou ao homem que ela sabia exatamente o que ele estava fazendo. Nesse ponto, o homem rapidamente virou à esquerda e correu para o parque, enquanto Helen decidiu correr diretamente para casa por uma estrada de tráfego intenso.

Helen fez a coisa certa. Ela parou e deixou a pessoa que a estava seguindo saber que ela estava ciente do que estava acontecendo. Se Helen tivesse ignorado os sinais de alerta e continuado no parque, o homem poderia ter feito mal a ela quando estivessem em uma área mais isolada. O fato de Helen reconhecer o que estava acontecendo fez com que o homem parasse de segui-la e tomasse outro rumo. Claro, se o homem continuasse a segui-la ou a deixasse desconfortável de alguma forma, ela deveria ter ligado imediatamente para a polícia. Mas o fato é que, como a maioria dos crimes são de oportunidade, o criminoso provavelmente irá procurar outra pessoa se ele souber que você o viu.

Existem cinco táticas simples que os oficiais de inteligência usam para executar a contravigilância. Você não precisa ser um agente do governo com anos de experiência para usar essas etapas. Elas são fáceis de executar e podem mantê-lo fora de sérios perigos.

Tática um: a pausa e a virada

Quando uma pessoa está seguindo você com a intenção de prejudicá-lo, a pausa e a virada podem ser uma maneira muito útil de determinar se você está sob vigilância e fazer com que a pessoa saiba que você está ciente do que ela está fazendo. Enquanto estiver andando, simplesmente pare, vire-se e finja que está fazendo alguma coisa, como verificando seu telefone, amarrando os cadarços ou procurando por alguém. Em seguida, olhe diretamente para a pessoa que você acha que está seguindo você. O típico amador que o está seguindo ficará perturbado e se entregará. É provável que ele congele ou aja de maneira não natural, porque você o pegou de surpresa. Em outras palavras, alguém que está seguindo você não exibirá o mesmo comportamento natural de alguém que está simplesmente andando na rua.

Tática dois: o reconhecimento

Como acabei de mencionar, depois de determinar que está sendo seguido, é importante que a pessoa saiba que você está ciente do que ela está fazendo. Uma vez que uma ameaça potencial é reconhecida, a maioria dos criminosos o deixará em paz. Lembre-se, os criminosos estão procurando por vítimas ideais, e, quando ele reconhece que você está ciente de sua presença e de que ele planeja lhe fazer mal, você se torna uma vítima menos atraente. Ao procurar a ajuda do segurança da loja de departamentos, Hannah estava dizendo a seu seguidor que ela estava atrás dele e não toleraria ser seguida. Foi nesse momento que o homem saiu da loja. Uma mulher que conheço estava preocupada por estar sendo seguida no metrô, então ela se virou abruptamente e disse: "O quê?" ao seu seguidor. Ele se virou e saiu imediatamente. Virando-se e perguntando com confiança "Posso ajudá-lo?", é provável que alguém opte por deixá-lo em paz.

Tática três: não seja um alvo fácil

Não seja uma vítima ideal. Exiba uma sensação de força, ande com boa postura e mantenha a cabeça erguida. Ligue para alguém e comente de maneira óbvia e audível que há uma pessoa seguindo você. Não tenha medo de ter sua caneta tática pronta para uso. Lembre-se de que, quando os criminosos veem fotos de pessoas que atacariam, eles escolhem pessoas que parecem fracas ou que não estão prestando atenção – com a cabeça baixa e os ombros caídos.

Tática quatro: permanecer público

Se você determinou que alguém o está seguindo, é essencial que você não vá para casa. Pode parecer que o lar é um lugar seguro... Você pode trancar as portas, pedir ajuda – mas este é o último lugar aonde deve ir. Você nunca quer que um criminoso saiba onde você mora.

VOCÊ NUNCA QUER QUE UM CRIMINOSO SAIBA ONDE VOCÊ MORA.

O criminoso pode tentar invadir sua casa ou pode dar a impressão de que foi embora, quando, no final das contas, está se escondendo e se preparando para invadir mais tarde. Para garantir a sua segurança se estiver sob vigilância:

> Fique em um lugar público lotado e peça ajuda. Locais seguros incluem restaurantes, cafés, lojas movimentadas e esquinas lotadas.

> Você nunca deve andar por um beco ou rua deserta, onde pode acabar isolado de outras pessoas, tornando mais fácil para um criminoso feri-lo.

> Se você estiver sendo seguido em um local público, como o supermercado, não tente sair da loja e entrar em seu carro. Tudo o que o criminoso precisa fazer é esperar na entrada que você saia da loja. Ele pode então seguir você até o seu carro, onde pode enfrentá-lo ou segui-lo até em casa.

Verifique seus sapatos

Se você estiver a pé e suspeitar que esteja sendo vigiado, preste atenção nos sapatos da pessoa para determinar se é a mesma pessoa que está seguindo você. É fácil tirar ou colocar um boné de beisebol, óculos escuros ou outros itens que possam dificultar rapidamente a identificação de um indivíduo em particular. No entanto, não é tão fácil carregar um par extra de sapatos. Os sapatos que uma pessoa está usando provavelmente permanecerão os mesmos.

Tática cinco: desacelere e misture as coisas

Se você determinou que outro carro está seguindo você, continue dirigindo (novamente, nunca vá para casa se um carro estiver seguindo você), mude a velocidade e faça várias curvas para que o seguidor saiba que você está ciente dele. Quando puder fazê-lo com segurança, anote a marca e o número da placa do carro para que possa dar essa informação à polícia.

Quando você tem um alto nível de ameaça

Se você tem um relacionamento tumultuado com um ex-marido ou namorado que o está assediando o tempo todo – ou teve um desentendimento com um ex-funcionário ou colega de trabalho –, é interessante proceder como se tivesse um alto nível de ameaça. Você também deve operar em um alto nível de ameaça se tiver suspeitas sobre uma pessoa que tem notado regularmente. Há alguém fora da academia toda vez que você sai depois de um treino? Você desconfia de alguém que parece tomar café no mesmo lugar e na mesma hora que você? Se você estiver operando em um nível de alto risco, existem algumas precauções adicionais que é importante que você tome.

Mude seu comportamento

Se você está preocupado com a possibilidade de uma pessoa específica querer segui-lo, faça questão de mudar continuamente seus padrões. Isso pode ser difícil, pois somos criaturas de hábitos, e é difícil quebrar nossas rotinas. Para garantir a sua segurança, é fundamental misturar os percursos que faz e a ordem das suas atividades:

> Varie o horário de saída de casa pela manhã.

> Altere a rota e o tempo do seu trajeto.

> Misture suas atividades. Se você compra café na mesma cafeteria todos os dias, varie sua rotina para chegar a lugares diferentes em horários diferentes.

> Visite restaurantes que você nunca visitou antes.

> Faça um caminho diferente do trabalho para casa.

Deve-se notar que, embora operar com um alto nível de ameaça torne mais difícil para você ser seguido, isso não substitui a prática de vigilância constante. Nunca pare de operar em código amarelo. Lembre-se, o código amarelo impede que você se encontre no código vermelho – a condição de crise.

Seu espião interior

Nunca imaginei que minhas habilidades de vigilância da CIA seriam úteis até conhecer o pai de uma mulher com quem namorava. Quando eu era solteiro, conheci uma garota legal – e acabamos tendo um ótimo primeiro encontro. O segundo também foi bom e, por fim, fui convidado para conhecer o pai dela em um jantar. Antes da festa, ela me disse que seu pai trabalhava no ramo da construção e costumava empregar John Gotti, o infame mafioso de Nova York, chefe do crime. A mulher com quem eu estava namorando também me contou uma história sobre seus pais conhecerem um notório assassino de aluguel. Eu estava começando a ficar desconfiado. Ao passo que não tinha nenhuma prova de que o pai dela estava na máfia, tinha algumas suspeitas. Sempre analiso rapidamente as pessoas quando as conheço e percebi imediatamente que, assim como eu, o pai dela tinha uma faca presa no bolso da calça. Quando perguntei que tipo de faca era, ele deu um pulo para trás, muito assustado. Ele me perguntou imediatamente se eu estava carregando uma arma. Embora eu normalmente carregue uma arma, as leis de Maryland não permitem que carregue minha arma escondida, e eu disse isso a ele. Após essa troca, ele foi perfeitamente legal, mas ainda me pareceu um mafioso estereotipado – como alguém saído de *Os Sopranos*. Mais tarde naquela noite, minha namorada me ligou soluçando. Seu pai queria saber por que ela trouxe um agente do FBI para um jantar. O pai dela exigiu meu nome, endereço, número de telefone – ele queria saber tudo sobre mim. Ela disse a ele que eu não estava no FBI, mas ele não se importou, e ela queria me avisar. Eu imediatamente entrei em alerta máximo. Comecei a carregar minha arma 24 horas por dia, sete dias por semana. Executei rotas de detecção de vigilância indo e voltando do trabalho para casa e adicionei toneladas de medidas de segurança em toda a casa (sistema de alarme, câmeras de vídeo, detectores de movimento). Eu sabia que eles provavelmente contratariam um rastreador para me checar e se certificar de que eu não estava no FBI. Sabia que esse processo levaria uma ou duas semanas, e teria que usar todos os meus segredos de vigilância para permanecer vivo.

Acabei sendo convidado para jantar novamente, então imaginei que eles perceberam que eu não representava uma ameaça. No entanto, seu pai me pediu para me sentar e conversar. "Jason, vamos caçar neste fim de semana e gostaríamos que você se juntasse a nós." De jeito nenhum eu iria caçar com a máfia e suas dez armas contra a minha.

Obviamente, a máfia não me pegou, ainda estou aqui. O que quero dizer é que, quando você pensa que está tudo bem, descobre que o pai de sua namorada está na máfia e, de repente, fica muito feliz por ter essas habilidades de contravigilância. Embora eu fosse capaz de lidar facilmente com essa situação sozinho, situações mais sérias poderiam exigir táticas extremas.

Vigilância extrema

Embora a vigilância extrema não seja algo com que a pessoa comum deva se preocupar, os profissionais empregam algumas táticas interessantes para conduzi-la. A execução dessas táticas não seria fácil para um civil comum, pois exigiria tempo e recursos aos quais você simplesmente não tem acesso. Mas se o seu espião interior for curioso, existem meios de vigilância mais complicados e difíceis de detectar.

Vigilância paralela

Do que você precisará:

> Dois ou mais veículos;

> Conhecimento das estradas (devem ser paralelas).

Como funciona: o primeiro veículo seguiria o alvo, mantendo uma distância razoável entre os carros. O outro veículo seguirá o alvo em ruas paralelas à rota em que você está dirigindo. Isso permite que os veículos adicionais assumam a vigilância caso o alvo faça uma curva.

Vigilância Passe para a frente

Do que você precisará:

- Vários veículos;
- Rádios;
- Códigos (opcional).

Como funciona: esse método requer vários veículos e rádios para contato constante. Se você realmente quisesse canalizar seu James Bond interior, você e seu parceiro devem criar uma série de códigos para descrever o que está acontecendo com seu alvo. Como o nome sugere, esse método de vigilância envolve avisar as pessoas à frente que o alvo está se aproximando. Isso significa que o carro original não precisa desacelerar ou recuar, tornando sua presença menos óbvia para o alvo.

Tente confundir a equipe de vigilância

A melhor maneira de despistar alguém que pode ter você sob vigilância é simplesmente começar a mexer com a pessoa. Passe um bilhete aleatório para um completo estranho para despistar a vigilância... ou entre em uma loja e comece a ter uma conversa aleatória. Essas ações simples podem confundir ou despistar uma equipe de vigilância.

Piquete de vigilância

Do que você precisará:

> Uma equipe de indivíduos;

> Rádios;

> Conhecimento da área imediata.

Como funciona: a execução do piquete de vigilância exige que uma equipe de indivíduos seja colocada em pontos estratégicos onde seu alvo possa ser visto. Esses indivíduos precisam estar em contato via rádio. Se você estivesse usando piquete de vigilância para atingir alguém na cidade de Nova York, posicionaria as pessoas nas entradas do metrô, nas esquinas, talvez em um boteco ou cafeteria onde o alvo provavelmente pararia. Cada indivíduo envolvido na vigilância enviaria um rádio à frente para alertar os outros sobre a posição do alvo.

É divertido aprender truques de espionagem e pensar em como você despistaria alguém se estivesse sendo seguido, como acontece nos filmes. Também é fortalecedor saber que você tem os recursos para se proteger caso se encontre em uma situação perigosa. A partir de hoje, comprometa-se a ter consciência das pessoas ao seu redor. Tome nota de quem está na fila com você na loja. Preste atenção em alguém que pode estar olhando para você em um restaurante. Não desconsidere um carro que parece estar fazen-

A PARTIR DE HOJE, COMPROMETA-SE A TER CONSCIÊNCIA DAS PESSOAS AO SEU REDOR.

do exatamente o mesmo caminho para casa que você. Reconhecer que esses indivíduos estão presentes – e podem estar planejando lhe fazer mal – é o primeiro passo necessário para assumir o controle total de sua segurança. Seu compromisso de ser um indivíduo confiante e consciente pode salvar sua vida.

8

SEGREDOS DE ENGENHARIA SOCIAL

Em uma pequena cidade no norte da Inglaterra, uma jovem e suas amigas foram presenteadas com passeios de carrinho de bate-bate e sorvete depois da escola por um grupo de adolescentes. Eventualmente, esses meninos foram embora, e as meninas começaram a receber atenção de homens mais velhos. O sorvete grátis foi substituído por passeios de carro, vodca e maconha. Uma jovem começou a receber atenção de um homem com o dobro de sua idade, que parecia ser o líder de seu grupo de homens. Ela disse ao *New York Times* que ele a "adulou" e acabou comprando bebidas e um telefone celular para ela. Ela gostava dele. Finalmente, depois de ganhar sua confiança, ele começou a estuprá-la. Os estupros começaram gradativamente e logo passaram de semanais para diários. Esperava-se então que essa jovem vítima atendesse meia dúzia de homens enquanto estava trancada no quarto de um apartamento. Infelizmente, a experiência dessa jovem não foi única. Estima-se que 1.400 crianças foram exploradas sexualmente em Rotherham, na Inglaterra, entre 1997 e 2013. O processo foi o mesmo. Os rapazes frequentavam lugares públicos como estações de ônibus, shoppings e centros urbanos à procura de meninas. Aos poucos, eles conquistavam as meninas com cigarros e álcool. Às vezes, drogas mais pesadas eram introduzidas. Um homem começaria um relacionamento sexual com uma garota e agiria como seu "namorado". O namorado então insistia que, se a garota realmente o amasse, ela também faria sexo com outros homens. Nesse ponto, seriam usadas ameaças e chantagens. Uma jovem foi informada de que, se contasse, sua família seria morta. Em alguns casos, as coisas ficaram ainda piores, pois algumas meninas foram vendidas ou trocadas por drogas e armas.

Esse é um exemplo trágico de como a engenharia social pode ser usada para manipular as pessoas a fazerem coisas horríveis que normalmente nunca imaginariam fazer. A princípio, parecia bastante inocente, uma casquinha de sorvete de um adolescente em um fliperama – mas lenta e gradualmente um plano muito mais sinistro foi revelado, evoluindo para drogas e álcool, passeios e telefones e, finalmente, exploração por homens muito mais velhos.

O que é engenharia social?

Em sua forma mais básica, a engenharia social ocorre quando uma pessoa é manipulada psicologicamente para realizar uma ação que não deseja. Também pode envolver manipular alguém para fornecer informações confidenciais. A engenharia social assume muitas formas e, felizmente, nem todas são tão obscuras. Na cidade de Nova York e em outras grandes cidades, você pode estar parado em um semáforo quando um cara se aproxima do seu carro e começa a borrifar o para-brisa. Você vai dizer a ele "Pare com isso, eu não quero que meu para-brisa seja limpo – vá embora", mas ele o ignora e apenas continua limpando. Acontece que ele fez um ótimo trabalho e, quando chega à janela, você pensa: "Ok, ele limpou meu para-brisa, vou dar a ele dois dólares". Aquele lavador de janelas induziu você a dar dinheiro a ele. De volta a Baltimore, havia um sem-teto na porta da frente de um posto de gasolina que eu costumava frequentar. Ele abria a porta para mim e dizia "Tenha um bom dia". Na saída, ele abriria a porta novamente, mas dessa vez ele também dizia: "Você pode me dar um dólar?". Eu vi muitas pessoas sendo manipuladas socialmente por esse cara. E existe uma única pessoa por aí que não recebeu um presente de aniversário de alguém e pensou consigo mesma: "Agora tenho que comprar algo para Jim em seu aniversário". Essas formas de engenharia social são irritantes, mas não necessariamente perigosas. Muitos criminosos, no entanto, dominam a engenharia social como forma de conseguir o que querem de pessoas inocentes.

Embora a engenharia social assuma muitas formas, você pode estar mais familiarizado com os golpes de engenharia social que ocorrem on-line. Por exemplo, muitos de nós recebemos um e-mail com uma história triste de um conhecido. Eles estão viajando para o exterior. Foram assaltados. Não têm passaportes ou cartões de crédito. A embaixada está fechada, eles estão completamente sem saída e não têm outra opção a não ser enviar um e-mail desesperado pelo número do seu cartão de crédito. Felizmente, a maioria de nós reconhece isso pelo que é, uma farsa. Infelizmente, o golpe continua acontecendo, pois sempre tem alguém disposto a dar um número de cartão de crédito para ajudar uma pessoa necessitada. É importante saber que esquemas de engenharia social acontecem há séculos, e você não fica vulnerável apenas quando se senta em frente ao computador. Do Cavalo de Troia aos esquemas de pirâmide, os golpes de engenharia social assumem muitas formas.

Certa vez, eu estava viajando na França com uma amiga que decidiu abrir seu mapa assim que saiu do metrô. Imediatamente ela foi abordada por um homem que se ofereceu para ajudar com as direções. Eu sabia que ele a estava posicionando para que um cúmplice pudesse roubar sua bolsa. Com certeza, havia outro homem mais atrás, esperando para entrar enquanto o homem "ajudava" a dar as coordenadas. Embora esse seja um golpe de distração clássico, os golpes de engenharia social podem ser muito criativos. Na cidade de Nova York, um homem bem-vestido de vinte e poucos anos estava a caminho para encontrar um colega quando esbarrou em um homem com uma criança pequena. Quando eles colidiram, um recipiente com comida chinesa caiu no chão. O homem que carregava a comida ficou incrivelmente zangado. "Esse é o nosso jantar! Você arruinou nosso jantar! Não tenho mais dinheiro para alimentar meu filho". Embora esse nova-iorquino nascido e criado fosse desconfiado, enfiou a mão na carteira para conseguir dinheiro para esse cara. Ele sabia que provavelmente era uma farsa, mas não queria arriscar que uma criança ficasse sem jantar. Acontece que os golpistas compram o prato mais barato do cardápio em uma lanchonete chinesa local, esbarram em uma pessoa de aparência simpática e obtêm um bom lucro com seu "jantar arruinado". Esse golpe foi atualizado para incluir uma cara garrafa de vinho. Os turistas colidem com alguém carregando uma garrafa de vinho cara, mostram um recibo falso para provar isso e pedem para desembolsar mais de US$ 60. O chá de Pequim estreou durante os Jogos Olímpicos de verão de 2008. As jovens chinesas faziam amizade com um turista por um período de várias horas. Nesse ponto, eles sugeriam que o turista experimentasse uma tradicional cerimônia do chá. O turista é levado a uma casa de chá e não vê o cardápio. Depois de provar uma pequena quantidade de chá durante uma "cerimônia tradicional", o turista recebe uma conta enorme. Sem querer parecer rude ou tolo, o turista paga a conta integralmente. Acontece que as meninas estão trabalhando para o proprietário da casa de chá, e ele acaba de obter um grande lucro.

Todas essas situações envolviam manipulação psicológica – explorar as emoções dos indivíduos para convencê-los a fazer algo que não queriam. Felizmente, você pode aprender a se sintonizar com situações em que sua decência como humano se volta contra você. A boa notícia é que, ao entender algumas das causas subjacentes que permitem que os humanos sejam enganados e estar ciente de algumas táticas básicas e comuns usadas por criminosos, você nunca cairá em nenhum de seus esquemas.

Por que caímos nessa: preconceitos cognitivos

O objetivo das pessoas que executam técnicas de engenharia social é essencialmente nos manipular por meio de uma brecha em nosso pensamento. Os vigaristas são especialistas em encontrar falhas humanas e usar essas fraquezas para fazer o que quiserem. Os vigaristas sabem como usar uma ampla gama de emoções humanas a seu favor – ganância, curiosidade, generosidade e medo. Embora emoções como o medo possam nos livrar de problemas, como nos dizer para correr se estivermos sendo perseguidos ou para fugir se um prédio estiver pegando fogo, esses sentimentos também podem ser usados para nos prender. O que acontece em um esquema de engenharia social é que as pessoas são vítimas não apenas do vigarista, mas também de seus próprios vieses cognitivos.

Vieses cognitivos são basicamente erros em nosso pensamento que ocorrem enquanto tentamos processar informações. Os seres humanos precisam classificar muitas informações, às vezes rapidamente, para tomar uma decisão. Nossos vieses cognitivos são um atalho que nosso cérebro usa para nos ajudar a chegar lá mais rápido. Esses atalhos são extremamente úteis nas situações que mencionei anteriormente – ao enfrentar o perigo. Nossos preconceitos são menos úteis quando alguém está tentando nos enganar. Existem muitos diferentes tipos de vieses que afetam nossa tomada de decisão, mas se você aprender a estar ciente de apenas alguns importantes, terá menos chances de cair em um golpe.

Heurística de afeto

A heurística do afeto é o que acontece quando você tem uma reação instintiva imediata. É uma resposta rápida e instantânea que usa suas respostas emocionais para ajudá-lo a tomar uma decisão. A ideia geral é que, se você se sente bem com alguma coisa, presumirá que essa coisa terá um impacto benéfico em sua vida. Basicamente, a maneira como você se sente determina como interpretará uma situação específica.

> **Com o que parece:** se você cresceu passando os verões se divertindo nadando em um lago com sua família, o local da água terá um efeito agradável e calmante sobre você. Se você quase se afogou quando criança, a visão da água pode deixá-lo imediatamente ansioso e com medo. Seus sentimentos sobre a água afetam diretamente sua reação à água real.

O efeito chamariz

O efeito chamariz é o que acontece quando você tenta tomar uma decisão entre duas coisas e então descobre que existe uma terceira opção. A terceira opção torna-se uma maneira de comparar facilmente as outras opções entre si. Joe Huber, professor de marketing da Duke University, explicou como o efeito chamariz funciona perguntando a um grupo de pessoas sobre as preferências de restaurantes. Em um cenário, o realmente ótimo restaurante cinco estrelas ficava a uma longa viagem de carro. A opção mais próxima tinha apenas três estrelas. O grupo não conseguia decidir. Ótima comida e uma longa viagem? Ou jantar perto – mas talvez não tão bom? Eles sentiram que o cinco estrelas seria a escolha óbvia se não fosse tão longe. Ele apresentou uma terceira opção, um restaurante duas estrelas localizado em algum lugar entre os dois outros restaurantes. Isso fez com que as pessoas escolhessem o restaurante três estrelas, porque agora superava a terceira opção tanto em localização quanto em qualidade.

Com o que parece: não muito tempo atrás, tínhamos três escolhas simples ao comprar uma bebida em um restaurante ou um café no Dunkin' Donuts ou Starbucks – pequeno, médio e grande. Com a introdução do supergrande e do *tall*, muitos de nós, dada a escolha adicional, optamos pelo médio quando normalmente teríamos optado pelo pequeno. O efeito chamariz está fazendo com que nosso cérebro pondere as outras opções em relação às novas opções e opte pelo copo um pouco maior.

O efeito avestruz

As pessoas tendem a querer muitas informações quando são boas notícias. Se a informação for negativa, mesmo que seja útil, muitas vezes as pessoas optam por não saber. Como você deve ter adivinhado, o efeito avestruz refere-se a uma recusa em reconhecer informações negativas colocando a cabeça na areia. A ideia geral é que, "Se eu não posso ver, não existe".

OS SERES HUMANOS SÃO PÉSSIMOS MENTIROSOS.

Com o que parece: um exemplo típico do efeito avestruz é não querer abrir a fatura do cartão de crédito depois de férias caras ou de um grande feriado como o Natal. Você sabe que a informação provavelmente o deixará infeliz, então simplesmente não abra a conta até que seja absolutamente necessário. Você está evitando quaisquer sentimentos potencialmente negativos ao não se permitir ter acesso às informações.

Senso de otimismo

Embora os humanos precisem se sentir esperançosos para progredir, temos a tendência a sermos mais otimistas do que realistas. As pessoas tendem a esperar que as coisas sejam muito melhores do que realmente são. Essa tendência de ver nosso futuro sob uma luz positiva significa que não estamos nos preparando para perigos potenciais e ficamos vulneráveis.

Com o que parece: uma pessoa excessivamente otimista em relação ao futuro pode não ser capaz de se preparar para alguns eventos da vida que são, de fato, inteiramente possíveis. Essa pessoa pode não economizar dinheiro para ter um pé de meia em caso de perda de emprego. Ou um ponto de vista excessivamente otimista pode fazer com que aquela ida ao médico para um exame físico anual pareça desnecessária. Não economizar dinheiro ou não consultar profissionais médicos regularmente pode, é claro, ter resultados muito negativos, se não desastrosos.

Senso de atualidade

O senso de atualidade é nossa tendência de pensar que o que está acontecendo ultimamente – quaisquer tendências ou padrões que vemos agora – provavelmente continuará acontecendo no futuro. É mais fácil para os humanos se lembrarem do impacto dos eventos recentes. Portanto, em vez de confiar em dados reais ou perceber que existem alguns eventos que não podem ser previstos, seguimos em frente com a suposição de que a vida continuará seguindo linhas semelhantes.

> **Com o que parece:** o senso de atualidade pode significar não levar a sério um alerta de furacão e recusar-se a tomar as medidas apropriadas porque sua área nunca viu um furacão antes.

Não deixe que os vieses cognitivos enganem você

Embora existam ainda mais vieses cognitivos do que os comuns que acabei de descrever, há algumas coisas que você pode fazer para garantir que eles não o enganem. Ter um senso saudável de ceticismo pode mantê-lo seguro. Não estou dizendo que você precisa se preocupar 24 horas por dia, sete dias por semana para não ser enganado, mas fique atento. Se alguém pedir para ajudá-lo a ler um mapa em um país estrangeiro, reserve um minuto para olhar por cima do ombro e verifique se você está seguro. Se alguém aparecer na sua porta dizendo que é a polícia, você precisa ligar para o 190 para verificar se é verdade. Seja cauteloso e não tenha medo de verificar os arredores ou conferir as informações para garantir sua segurança.

Há um golpe nascendo a cada minuto

Todos nós já ouvimos a frase "Nasce um otário a cada minuto". A verdade é que surgem novos golpes a cada minuto, especialmente na era da internet. Embora eu não possa listar todos os golpes que foram executados, posso informá-lo sobre alguns dos mais comuns por aí. Ao se familiarizar com algumas das técnicas de fraude mais frequentes, estará pronto para evitar imediatamente a situação caso alguém tente fazer isso com você.

A lei da reciprocidade: quando você não quer necessariamente retribuir o favor

Todos nós já estivemos em uma situação em que realmente queremos retribuir um favor. Se um vizinho recebe sua correspondência enquanto você está de férias ou um membro da família cuida de seu filho enquanto você está em apuros, é normal querer retribuir dando uma mãozinha. Basicamente, se alguém faz algo de bom para nós, temos uma inclinação natural para retribuir o favor. Em alguns casos, porém, nossa inclinação natural para retribuir favores pode nos causar grandes problemas. É o caso quando alguém explora propositalmente a lei da reciprocidade e espera algo muito maior do que aquilo que deu em troca. Por exemplo, seu vizinho pode ter concordado em passear com seu cachorro em um dia em que você estava fora, o que é uma coisa legal de se fazer. Você provavelmente se sentiria confortável fazendo algo semelhante em troca, como alimentar seu gato ou regar suas plantas enquanto ele está de férias. No entanto, não faria sentido se ela aparecesse um dia e informasse que esperava que você pintasse a casa ou cortasse a grama durante todo o verão. O problema começa quando os criminosos usam a lei da reciprocidade contra alguém, esperando coisas muito maiores do que deram em troca.

Em 1º de maio de 1990, Pamela Ann Smart voltou do trabalho para encontrar sua casa saqueada e seu marido morto a tiros. Após um julgamento sensacional, Smart foi condenada por conspirar em um assassinato em primeiro grau que acabou sendo executado por seu amante de quinze anos e dois de seus amigos. Smart conheceu o adolescente, William Flynn, em um programa escolar onde ambos eram voluntários. À medida que o relacionamento deles se desenvolvia, ela confidenciou a Flynn que gostaria de ver o marido morto. Eventualmente, Smart ameaçou parar de fazer sexo com Flynn a menos que ele concordasse em matar o marido dela. Flynn foi condenado a 28 anos de prisão perpétua por seu envolvimento nesse assassinato. Os outros adolescentes foram condenados por conspiração para assassinato ou por serem cúmplices. Durante o julgamento, descobriu-se que Smart havia acusado Flynn de não a amar. Ela lhe disse que se ele realmente a amasse estaria disposto a matar seu marido.

Smart usou a lei da reciprocidade contra Flynn para conseguir o que queria. Ela iniciou um relacionamento com um jovem vulnerável, deu sexo a essa pessoa e insistiu que algo deveria ser feito por ela em troca. Obviamente, não é assim que os relacionamentos normais funcionam – Smart armou uma situação que lhe permitiu manipular socialmente alguém para cometer um assassinato por ela. No mundo da inteligência, a lei da reciprocidade pode começar com alguém comprando bebidas ou presentes para você... e então pedindo um pequeno favor. Esse pequeno favor geralmente representa o início de uma ladeira muito escorregadia. O ponto principal é que, mesmo que deva um favor a alguém, você não deve se sentir culpado e fazer algo que não lhe parece certo.

Por que você nem sempre deve ser o bom samaritano

Tymikia Jackson estava abastecendo seu carro em um posto de gasolina na Geórgia quando foi abordada por um casal em busca de ajuda. Uma mulher perguntou se ela lhe daria algum dinheiro para colocar gasolina no carro. Jackson queria ajudar o casal e alegremente entregou a última nota de vinte dólares que tinha em sua carteira. A mulher agradeceu a Jackson e ficou tão feliz que ela perguntou se poderia receber um abraço. Jackson obedeceu. Um homem saiu do banco do motorista e se aproximou de Jackson. Ele disse: "Muito obrigado. Eu realmente gostei disso. Posso, por favor, dar um abraço?". Jackson notou que o abraço parecia diferente. Na manhã seguinte, Jackson descobriu por que o casal estava ansioso para abraçá-la: cerca de três mil dólares haviam desaparecido de sua conta bancária. Apenas algumas horas depois que ela deixou o posto de gasolina, houve duas grandes cobranças em seu cartão de débito e saques em caixas eletrônicos. Acontece que enquanto a abraçavam, os ladrões usaram escaneamento de alta tecnologia para obter informações de seus cartões de crédito, que estavam no bolso da frente.

Jackson teve sorte de terem levado apenas o número do cartão de crédito dela. Colocar-se à mercê de alguém como bom samaritano pode custar a vida. Embora seja admirável querer ajudar os outros – especialmente aqueles que precisam desesperadamente –, é essencial que, ao fazer isso, você não se coloque em uma posição em que possa ser prejudicado.

Ted Bundy, o notório serial killer que confessou trinta homicídios, cometidos em sete estados diferentes na década de 1970, era um mestre do golpe do bom samaritano. Bundy era conhecido por ser bonito e muito carismático. Ele tendia a abordar suas vítimas em potencial se passando por uma pessoa ferida. Não era incomum ele usar muletas, e gesso de paris para fazer moldes foi encontrado em uma de suas casas. Quando as mulheres estavam desaparecendo em um campus universitário a cerca de cem quilômetros a sudoeste de Seattle, várias testemunhas relataram ter visto um homem que se encaixava em sua descrição – com a perna engessada ou o braço em uma tipoia – pedindo ajuda para carregar coisas até o carro.

Obviamente, nem todo mundo que pede ajuda é de fato um serial killer depravado. No entanto, a história de Bundy ilustra como é fácil tornar-se vulnerável ao concordar em fazer algo tão simples quanto ajudar uma pessoa ferida a andar alguns metros até o carro. É nosso instinto como seres humanos fazer o bem, mas é importante não deixar o desejo de ser uma pessoa prestativa prevalecer sobre a segurança. Em Batesville, Indiana, um homem fingiu ser um motorista com o carro quebrado, procurando por bons samaritanos para enganar. Ele parava no acostamento da interestadual e esperava que a ajuda aparecesse. Quando uma senhora idosa parou, ele conseguiu convencê-la a emprestar-lhe dinheiro para que ele consertasse um problema mecânico em seu veículo. O vigarista ligou para o mesmo bom samaritano no dia seguinte. Infelizmente, ela ainda não reconheceu o golpe e deu instruções ao homem para chegar à sua casa para que ele pudesse pagar de volta. Ao chegar na residência, ele entrou na casa sem permissão e distraiu a mulher por tempo suficiente para roubar sua carteira. Em Vancouver, Shirley Magliocco estava voltando de uma ida ao supermercado. Um casal se aproximou dela na entrada de sua garagem, pedindo água para a van superaquecida. Quando ela entrou em casa, esqueceu de desligar o sistema de alarme e subiu para desligá-lo. Assim que ela desceu, o casal havia sumido, assim como sua carteira.

O ponto principal é que existem inúmeras maneiras pelas quais um criminoso pode tirar vantagem de sua boa índole. Antes de concordar em ajudar, certifique-se de não se isolar, nunca entre no veículo de alguém e não tenha medo de sair imediatamente ou pedir ajuda se estiver desconfortável.

Pretexto

Em *Duro de matar 4.0: Viver ou morrer*, o personagem Matt Farrell (interpretado por Justin Long) usa com sucesso uma doença falsa como pretexto. Ele diz ao representante da assistência OnStar que precisa do carro para chegar até seu pai, que está morrendo de ataque cardíaco. Isso convence o representante a ligar o carro, que Farrell está na verdade roubando.

Pretexto é quando um cenário é inventado para envolver uma pessoa a fim de que ela execute ações ou forneça informações que não estaria disposta a dar de outra forma. O pretexto muitas vezes envolve uma mentira elaborada. Um criminoso envolvido em pretextos pode se passar por colega de trabalho, funcionário de banco, investigador de seguros, autoridade fiscal ou até mesmo clérigo. Esse tipo de criminoso pode personificar qualquer pessoa que possa ser percebida como tendo o poder de colocar alguém em uma situação particular ou que tem o direito de saber determinada informação.

Em Manatee, Flórida, uma mulher teve sua vida salva por reconhecer com sucesso um pretexto. Tarde da noite de domingo, ela parou depois de ver luzes vermelhas e verdes piscando. Um homem alto e barbeado pediu que ela entrasse em seu veículo. Ele não pediu licença e registro, então ela se recusou a sair do carro. O homem disse a ela que estava voltando para o carro para chamar uma policial, mas, em vez disso, fugiu do local em alta velocidade. Essa mulher normalmente não entraria em um carro com um estranho. Felizmente, ela teve a consciência de reconhecer que a situação foi planejada para colocá-la em seu veículo. Depois que o carro parou, ela imediatamente ligou para a polícia.

Como identificar um pretexto?

> O criminoso geralmente se prepara tendo respostas prontas. Ele antecipa o que pode precisar saber para parecer autoritário. Um bom golpista é rápido e pronto para lidar com qualquer direção que a situação tomar. Confie no seu instinto e saiba que algo pode estar errado se a pessoa não tiver todas as respostas. Um exemplo disso é o cara que para uma mulher, mas não está usando uniforme ou dirigindo um carro marcado.

> Os detalhes não batem. Imagine uma amiga lhe dizendo: “Ah, estamos apenas fazendo um pequeno jantar em família no Ano-Novo”. No entanto, há trinta carros estacionados em frente à casa dela e você pode ouvir a música da rua. É muito bom para ser verdade. Muitos de nós não têm tios nigerianos ricos. Se você receber um e-mail dizendo que ele tem cinquenta milhões de dólares esperando por você, é uma farsa e você deve ignorá-lo.

> Sua empresa de cartão de crédito não deveria estar ligando para você pedindo informações pessoais. Se a administradora do seu cartão de crédito ligar para você, desligue e ligue para eles usando o número no verso do seu cartão.

Roubos de distração

Há um homem no Tennessee que provavelmente está muito arrependido de ter se deixado ser vítima de um roubo por distração. Stephen Amaral, de Crossville, Tennessee, foi abordado por um casal com um pedido muito incomum. Uma mulher perguntou a Amaral se podia "dar um mergulho na piscina dele" enquanto o marido saía para comprar cigarros. Amaral passou a observar a mulher nadar nua em sua piscina por cerca de vinte minutos. Acontece que, enquanto Amaral a observava nadar e até lhe dava uma toalha, seu marido estava dentro de casa roubando.

As pessoas se distraem facilmente, e os criminosos sabem disso. Não é muito difícil escolher uma pessoa, ou mesmo um grupo, e criar um meio de distração. Às vezes, a distração pode ser de alto impacto. Em Granada, Mississippi, três pessoas foram presas depois de fazerem ameaças de bomba a duas escolas da região. Enquanto a polícia fazia buscas e evacuava os *campi* das duas escolas, dois homens mascarados assaltaram um banco local. A maioria das distrações, no entanto, será de menor escala, e o criminoso tentará distraí-lo imediata e rapidamente. O criminoso espera que você não suspeite de nada – até perceber que sua bolsa ou carteira sumiram. Em San Clemente, Califórnia, um homem de 86 anos perdeu duzentos mil dólares em joias. Um homem abordou o proprietário idoso se passando por empreiteiro. Ele ofereceu seus serviços de cobertura, que o idoso aceitou. Então, foi informado de que o filho do empreiteiro estava com ele. O homem pediu ao idoso que cuidasse de seu filho enquanto ele subia no telhado. Enquanto isso, o "empreiteiro" entrou na casa e roubou joias. Na High Street, em Londres, uma mulher sacou uma grande quantia em dinheiro antes de ir ao supermercado. Ela foi abordada por um grupo de dois homens e uma mulher, que lhe disseram que ela tinha "algo nas costas". Eles insistiram em ajudá-la a limpá-lo. Enquanto ela estava distraída, o dinheiro sumiu de sua bolsa. Embora muitos criminosos optem por atingir os idosos ao fazer um roubo por distração, qualquer pessoa pode ser vítima desse tipo de crime.

Como o golpe do bom samaritano, os golpes de distração podem ser bastante imaginativos. Não há limites para o que um criminoso fará para distraí-lo. Então, como você evita se tornar vítima de uma distração?

> **Mantenha distância.** Se algo parecer estranho, fique para trás e não deixe a pessoa chegar perto de você. Isso evita que a pessoa roube seu bolso ou ataque você, caso essa seja sua intenção.

> **Olhe atrás de você.** Certa vez, saí da mercearia local quando uma mulher se aproximou de mim e me pediu uma carona. Isso claramente não é um comportamento típico, então rapidamente olhei em volta para ter certeza de que alguém não estava vindo para me bater na cabeça e me roubar.

> **Pergunte.** Faça mais perguntas sobre a história da pessoa e certifique-se de que ela se encaixa. Não tome o que alguém lhe diz como verdadeiro. Se a pessoa estiver tentando distraí-lo, não será capaz de responder a todas as suas perguntas – ela irá embora quando você começar a questioná-la.

Seu espião interior: como fazer engenharia social com alguém para convencê-lo a fazer o que você quer

Você não pensaria assim, mas os oficiais da CIA costumam ser alvo de engenharia social. Não é incomum que agentes da agência sejam abordados em um bar, muitas vezes por uma bela mulher com uma grande história para contar. Os oficiais são até avisados sobre serem denunciados em público. Lembro que certa vez estive em um bar com alguns dos outros policiais depois trabalho e fui abordado por uma mulher, que logo

> NOSSOS PÉS TRANSMITEM MAIS INFORMAÇÕES DO QUE NOSSOS ROSTOS.

descobri ser da Bielorrússia. Eu não conhecia essa mulher, mas isso não a impediu de contar uma história incrível sobre sua vida. Ela me disse que foi terrivelmente abusada por seu marido bruto – ela foi vendida para esse cara de quarenta e poucos anos quando tinha apenas dezoito anos. Ela acabou se afastando dele e indo para um abrigo, onde sofreu ainda mais abusos. Apesar de tudo isso, ela de alguma forma conseguiu sair dessas situações terríveis e se matricular na faculdade de medicina. Sua disposição de se abrir e compartilhar informações tão pessoais e trágicas foi uma bandeira vermelha para mim. Eu sabia que ela esperava que eu me abrisse com a mesma quantidade de informações em troca – e quem sabe para quem ela daria? Felizmente, por causa do meu treinamento, eu não iria retribuir dando informações igualmente pessoais. Essa mulher também não estava exibindo um comportamento humano normal. Se alguém quiser dar em cima de você em um bar, eles vão dar o melhor de si, não abrir uma história sobre ser uma noiva por correspondência que foi estuprada pelo marido.

Como a engenharia social pode trabalhar para você

Embora eu certamente não esteja sugerindo que você use a engenharia social para prejudicar alguém, admito que é possível se divertir um pouco com isso. Existem muitas maneiras de convencer os outros a fazerem coisas que gostaríamos que fizessem. A seguir estão algumas das maneiras mais criativas de usar a engenharia social a seu favor – e técnicas que deve ter em mente para evitar que você mesmo seja manipulado socialmente.

Contrate um guarda-costas

Você já se perguntou como é ser famoso? Brett Cohen, de 23 anos, usou a engenharia social para descobrir. Depois de conferir a Times Square na cidade de Nova York, Cohen decidiu que era o lugar perfeito para fazer sua estreia como celebridade. Criou sua própria comitiva, contratando dois guarda-costas do Craigslist, três cinegrafistas e quatro fotógrafos. Cohen, que é um cara de aparência normal, vestiu uma camisa bonita, um par de óculos escuros e um sorriso brilhante. Ele saiu cuidadosamente do edifício 30 Rock no Rockefeller Center, ladeado por dois seguranças grandes e sérios. Seus cinegrafistas e fotógrafos começaram a trabalhar. Cohen abriu um enorme sorriso e exalava confiança. Ele jogou beijos para a multidão. A multidão mordeu a isca imediatamente. Cohen pediu a um amigo que perguntasse às pessoas o que elas achavam do famoso Brett Cohen. Um homem disse que era "um ator muito bom", referindo-se a um papel que obviamente não desempenhou em um filme do Homem-Aranha. Outro homem foi questionado sobre o que ele achava da música de Cohen. O homem respondeu que tinha "ouvido seu primeiro single". Cohen posou para fotos com os fãs enquanto eles o seguiam pela Times Square por três horas. Um grupo de meninas, gritando e mandando beijos, disse: "Este é o melhor dia da minha vida! Eu o amo! Ele é lindo". No final da pegadinha, Cohen tinha quase trezentas pessoas seguindo-o. Preocupado que a polícia se envolvesse por causa da grande multidão que estava se reunindo, Cohen mandou seus dois seguranças o escoltarem até um pequeno hotel, gesticulando para que a multidão ficasse para trás. No vídeo que fez da experiência, ele é visto depois que tudo acabou, andando pela rua e entrando no metrô sozinho. Depois que sua comitiva se foi, aparentemente sua fama também acabou.

Pegar um bebê emprestado

Se você quer que as pessoas baixem a guarda, é provável que ter um bebê com você ajude. Admito que isso provavelmente funcionará apenas para um homem. Infelizmente sofremos uma lavagem cerebral, e a verdade é que não pensamos duas vezes ao ver uma mulher cuidando de um bebê. Se um pai leva o bebê ao supermercado, ele é automaticamente considerado o pai do ano. Uma amiga minha observou que seu marido recebeu uma reação completamente diferente das enfermeiras no consultório do pediatra do que ela receberia. Seu marido levou o bebê doente para ver o médico e deixou a bolsa de fraldas em casa. O bebê ficou com fome e começou a chorar por comida. As enfermeiras imediatamente entraram com uma mamadeira e fórmula e ficaram basicamente impressionadas com o fato de o pai estar levando o bebê ao médico. “Se fosse eu, e eu tivesse esquecido a mamadeira, eu teria sido vista como a pior mãe de todas. Mas meu marido é elogiado só por aparecer!” Se um homem está segurando um bebê em público e pede ajuda, é provável que a maioria das pessoas fique ansiosa e pronta para responder a um pai indefeso. Há algo na presença de bebês e crianças que deixa as pessoas mais confortáveis. Todos nós já ouvimos histórias sobre o cara que leva o sobrinho ao parque para jogar beisebol, mas acaba pegando uma mulher no processo.

Quid pro quo

Quem já viu *O silêncio dos inocentes* provavelmente se lembra da cena em que Clarice Starling (Jodie Foster) está tentando obter informações sobre um serial killer que ela está perseguindo por meio de outro serial killer, Hannibal Lecter (Anthony Hopkins).

> *Se eu ajudar você, Clarice, haverá "turnos" entre nós também.* Quid pro quo – *eu lhe conto coisas, você me conta coisas. Não sobre esse caso, no entanto. Sobre você mesma.* Quid pro quo. *Sim ou não?*

Quid pro quo significa simplesmente "algo por algo". Um exemplo clássico de comportamento *quid pro quo* é o cara que leva uma mulher para um jantar chique e espera que ela volte para casa com ele. As táticas de *quid pro quo* podem ser facilmente usadas de maneiras menos ameaçadoras. Uma esposa que deseja que o marido faça alguma coisa em casa pode preparar seu jantar favorito antes de pedir. Um adolescente tomar a atitude de limpar a garagem, esperando que em troca ele possa ficar fora até tarde ou pegar o carro emprestado. A maioria de nós usa táticas *quid pro quo*, mesmo sem perceber. É uma maneira fácil de conseguir que alguém faça um favor muito necessário, e esse é essencialmente outro exemplo da lei da reciprocidade em ação.

Aja como se você devesse estar lá

No filme *Penetras bons de bico*, Jeremy (interpretado por Vince Vaughn) e seu amigo Joh (Owen Wilson) são capazes de invadir praticamente qualquer casamento, até mesmo o casamento do ano: o da filha do secretário de Estado. Eles corajosamente entram, apresentam-se, tomam uma taça de champanhe e não têm problemas para inventar um motivo falso sobre como foram convidados. Agir como se você devesse estar lá é uma maneira poderosa de obter acesso a um lugar onde não deveria estar. Não estou sugerindo que você apareça onde não é desejado ou faça algo ilegal, mas é divertido dar uma olhada em como algumas pessoas conseguem fazer isso. Infiltrei-me facilmente em prédios, porque conversei com o segurança e agi como se eu devesse estar lá. A sociedade sofre uma lavagem cerebral para acreditar no poder de um crachá ou identidade. As pessoas veem uma identificação da empresa, mesmo que seja fácil de fazer em casa, e assumem imediatamente que você está sendo honesto.

As pessoas que conseguem acesso a locais e festas dominam algumas habilidades importantes. Elas parecem completamente confortáveis e confiantes, mesmo que possam estar suando por dentro. Provavelmente dedicaram um tempo para garantir que se misturassem sem esforço ao ambiente em que estão se infiltrando. Por exemplo, se o personagem de Owen Wilson tivesse comparecido ao casamento da filha do secretário de Estado em um terno feio, ele poderia ter se destacado. Obter acesso a lugares onde não deveria estar significa parecer que você tem controle sobre o que está ao seu redor. Não olhe em volta verificando o local; você precisa se mover naturalmente, como se já tivesse estado lá muitas vezes antes.

Encontre a motivação deles

Todo mundo tem uma motivação – algo que o impulsiona. Todos nós temos interesses e *hobbies* diferentes que nos tornam indivíduos únicos. Mas se não tivermos cuidado, nossas motivações podem ser usadas contra nós. Eu gosto de atirar e gosto muito de armas, e é muito fácil encontrar essas informações sobre mim. Eu não deixaria o interesse comum de alguém em armas me atrair para uma loja de armas remota, onde ele pode me fazer mal. Mas, às vezes, descobrir as motivações dos outros é uma boa maneira de enganá-los socialmente.

Eu ouvi uma história sobre alguns homens dando em cima de uma bela modelo em um bar. O primeiro cara era um empresário bilionário. Ele se aproximou da mulher e foi imediatamente rejeitado. O segundo cara era um famoso produtor de cinema. Ele não se saiu melhor do que o milionário. O terceiro cara era gordo e baixo. Os outros caras o veem sussurrar no ouvido dessa mulher e, antes que os outros homens percebam, o casal está saindo junto. O casal volta ao bar uma hora depois e segue caminhos separados. O empresário precisa saber. Ele caminha até o baixinho e diz: "O que você disse a ela?". O baixinho diz a ele: "Perguntei se ela gostaria de ir para minha casa e usar cocaína". O terceiro cara encontrou a motivação dela.

Estou preocupado que meus pais idosos se tornem vítimas de golpistas. O que eu posso fazer para impedir?

É verdade que os idosos costumam ser alvo de golpes. Converse com seus pais e deixe claro que nenhum banco ou operadora de cartão de crédito ligará ou enviará um e-mail solicitando a senha ou o número da conta. Se isso acontecer, eles devem ligar para o banco (procurando eles mesmos o número do banco). Esse é um problema comum, pois os idosos tendem a confiar. Eu simplesmente digo ao meu pai que se ele tiver a menor dúvida que seja, deve me ligar imediatamente e conversaremos.

Obviamente não foi muito difícil encontrar a motivação dessa mulher. É importante que você tome medidas para garantir que alguém não descubra facilmente o que o motiva. Aqueles que usam o Facebook, certifiquem-se de usar as configurações de privacidade e tenha cuidado com o que "amigos" podem descobrir sobre você ao visitar sua página. Se for óbvio que você se formou em uma faculdade específica, trabalha em um determinado setor e gosta de fazer caminhadas, seria fácil para alguém cair nas suas boas graças compartilhando esses interesses comuns. Não estou sugerindo que todos os seus conhecidos com interesses comuns tenham intenções sombrias – mas pense duas vezes antes de baixar a guarda porque um cara que você conhece em um bar gosta das mesmas bandas e também é voluntário com crianças.

9

COMO SER UM DETECTOR DE MENTIRAS HUMANO

É um longo processo ser contratado como oficial da CIA. Você pode levar mais de um ano para concluir o exame psicológico, o exame físico, as verificações de antecedentes, a papelada e várias entrevistas. Uma das partes mais estressantes da experiência para mim foi o teste do polígrafo. Na verdade, recebi ofertas de empregos tanto do Serviço Secreto quanto da CIA, então fui poligrafado várias vezes. Quando você está fazendo um teste de polígrafo, sensores são colocados em diferentes partes do seu corpo para medir sua frequência respiratória, pressão arterial, frequência cardíaca e atividade eletrodérmica (em outras palavras, quanto você sua). Embora eu obviamente soubesse para que serviam todos os fios, não consegui ver nada do que estava acontecendo com o polígrafo. Durante meu polígrafo para o Serviço Secreto, lembro-me de estar em uma pequena sala branca sem janelas. As paredes brancas quase tinham um efeito hipnotizante. A cadeira era desconfortável, e eu estava sentado a apenas alguns metros de distância do cara que estava conduzindo o teste. Eu estava ligado a vários fios. Eu me lembro de pensar em uma história do passado da minha família e ficar nervoso sobre como isso afetaria meu teste de polígrafo.

Num verão, quando eu tinha cerca de nove anos, encontrei um pôster interessante quando estávamos limpando o porão de minha avó. Achei muito legal; era colorido e tinha uma foice e um martelo russos nele.

Eu queria ficar com ele, mas minha mãe disse que meu pai não me deixaria colocá-lo no meu quarto de jeito nenhum. Acontece que minha avó era uma comunista completa (não é uma frase que muitas pessoas usam hoje em dia), e esse pôster era propaganda comunista. Parece que o irmão da minha avó, que foi várias vezes à Rússia, convenceu-a a entrar para o Partido Comunista. Meu pai foi até arrastado para as reuniões do clube comunista do livro quando era criança. Para tornar a história mais interessante, o professor de piano do meu pai na época era um agente do FBI disfarçado. Meu avô, que era fazendeiro, frequentemente fazia com que agentes do FBI o interrogassem, embora ele não compartilhasse das opiniões comunistas de minha avó.

Felizmente para ela, eles não consideravam minha avó uma ameaça à segurança nacional. Obviamente, os antigos laços comunistas da minha família foram uma preocupação para mim quando me candidatei a trabalhar para o Serviço Secreto. Quando me perguntaram: "Você teve alguma afiliação estrangeira com governos estrangeiros ou trabalhou com o governo russo?", acabei rindo e falando a verdade. Felizmente, essa não foi a primeira pergunta que eles me fizeram. A primeira coisa que acontece quando você faz um teste de polígrafo é que uma base de referência é estabelecida. Como você sabe ao aprender sobre consciência situacional, uma base de referência é uma medida do que é normal para você. Para fazer uma medição de base de referência durante um teste de polígrafo, você será questionado sobre uma série de perguntas simples para as quais você obviamente sabe a resposta: "Qual é o seu nome?", "Onde você vive?". Uma vez que eles possam ver sua reação a perguntas simples, eles começarão a fazer perguntas mais desafiadoras.

Quando fui submetido ao polígrafo na CIA, os equipamentos realmente fizeram uma espécie de papel de policial bom e policial mau quando chegaram às perguntas mais difíceis. Nunca usei drogas na vida, então, quando perguntaram se eu já havia usado drogas, respondi que não. No entanto, o outro policial estava me dizendo: "O polígrafo está mostrando que você usou drogas. Você está mentindo. Sabemos que todo mundo já usou drogas no ensino médio ou na faculdade". Era um estratagema para fazer uma pessoa admitir que havia usado drogas depois de levá-la ao limite. Felizmente, tive o bom senso de ficar com a verdade. No esquema das coisas, meu polígrafo acabou sendo fácil. Conheço outros oficiais que foram instruídos a voltar no dia seguinte para um acompanhamento. Eu entrei e saí em apenas algumas horas. Fiquei aliviado quando a experiência acabou.

Um dos melhores benefícios de trabalhar no ramo de inteligência é que você basicamente se torna um detector de mentiras humano. Provavelmente não preciso dizer por que essa é uma habilidade incrivelmente útil. Todos nós queremos poder confiar em nossos colegas de trabalho, funcionários, vizinhos, amigos e nas pessoas que interagem com nossos filhos. Podemos estar trabalhando com um empreiteiro ou no meio de uma importante negociação comercial quando algo em nosso interior nos diz para não acreditar no que essa pessoa está dizendo. Como sabemos se devemos confiar em nosso instinto se pensarmos que alguém está sendo sincero? Felizmente, existem alguns truques simples que você pode se treinar para observar e que o ajudarão a determinar se uma pessoa está mentindo.

Os seres humanos são péssimos mentirosos. Essa é a maneira como estamos conectados. Nossos cérebros se movem a um milhão de quilômetros por segundo e, antes que possamos pensar direito o suficiente para contar uma mentira, já emitimos muitas pistas sutis de que não estamos dizendo a verdade.

E embora uma pessoa que está mentindo não exiba necessariamente todas as características das quais falarei neste capítulo, é importante aprender a notá-las quando elas surgirem. Uma pessoa que exibe um conjunto desses comportamentos provavelmente está mentindo.

Uma situação em que me encontrei no segundo ano do ensino médio fornece um bom exemplo de algumas das características clássicas exibidas por um mentiroso. Eu estava namorando uma garota que tinha acabado de terminar com um *linebacker* [zagueiro] do time de futebol americano da escola. Esse cara era intenso e não ia gostar de eu sair com a ex-namorada dele. É importante notar que, na época, eu era magricela (não que eu seja um gigante agora). Esse cara poderia facilmente ter me vencido em uma luta. Em uma tarde, eu estava na casa dela quando o ex-namorado estacionou o carro. A namorada não sabia o que fazer. Ela entrou em pânico e me disse para me esconder em um dos armários. Ela deixou o *linebacker* entrar, e ele imediatamente quis saber o que estava acontecendo. Ela disse a ele que não havia ninguém, mas isso não o impediu de abrir e fechar todas as portas da casa. Eu estava encolhido no fundo do armário quando ele abriu a porta. Eu tinha certeza de que seria o meu fim. Ele me viu e disse: “Oh, oi, Jason. O que você está fazendo aqui?”. Ao tentar detectar uma mentira, os primeiros três a cinco segundos de um confronto são cruciais – esse é o momento em que nossos cérebros estão trabalhando freneticamente para tentar acompanhar a mentira que estamos tentando contar. Quando o cara me perguntou pela primeira vez o que eu estava fazendo, eu estava literalmente gaguejando. Alguns segundos depois eu disse: "Tem uma garota de quem eu gosto na escola. Eu vim para obter conselhos. Estou me escondendo, porque estou envergonhado e não quero que ninguém saiba... então não conte a ninguém". Eu estava divagando como um louco, porque eu estava mentindo, e minha mente estava trabalhando tentando criar a mentira. (Caso você esteja se perguntando, o *linebacker* acreditou em mim.)

A história da minha namorada do segundo ano descreve alguns comportamentos típicos que indicam que alguém não está dizendo a verdade. Eu tropecei nos primeiros segundos do confronto, porque tive que inventar a mentira. Se eu estivesse falando a verdade e não tivesse nada a esconder, não teria gaguejado ou atrasado minha resposta – teria dado uma resposta imediata. Embora eu tenha sorte de o *linebacker* estar disposto a acreditar na minha história ridícula, se ele soubesse apenas alguns dos sinais básicos sobre a mentira, eu estaria em apuros.

Estabeleça uma base de referência

Embora seja ótimo ir direto ao assunto e fornecer uma lista de comportamentos a serem observados para determinar se alguém está mentindo, o problema é que isso não funcionará se você não dedicar tempo para estabelecer uma base de referência. A CIA ou qualquer outra agência de inteligência não o senta em uma cadeira, prende alguns fios a você e faz grandes perguntas como "Você já usou drogas?" ou "Você já trabalhou para um governo estrangeiro?". Em vez disso, como observei anteriormente, eles precisam estabelecer uma base de referência, fazendo perguntas básicas sobre você e talvez até algo tão simples como: "O carpete desta sala é verde?". Depois que a CIA pôde ver minha frequência respiratória, pulso, pressão sanguínea e taxa de transpiração quando respondi a essas perguntas simples de maneira obviamente verdadeira, eles sabiam qual era minha base de referência. Eles agora seriam capazes de determinar mais facilmente se eu estava mentindo ao responder a outras perguntas mais difíceis.

Qual é a base de referência da pessoa?

Para realmente estabelecer se alguém está mentindo, você precisa se familiarizar com seu comportamento diário e regular. Se você não sabe o que constitui um comportamento normal para essa pessoa, não terá a menor ideia se ela está exibindo alguns dos sinais que indicam que uma mentira está sendo contada. Se decidir que uma pessoa está mentindo sobre acidentalmente arranhar seu carro em um estacionamento porque ela está "agindo inquieta", você pode estar completamente errado. Essa pessoa pode estar inquieta o tempo todo, e você não poderia ter estabelecido uma base de referência nos dez segundos desde que a conheceu. No entanto, o comportamento de base de referência pode ser estabelecido de forma bastante rápida e fácil usando as seguintes táticas.

Tática um: deixe-a confortável

Enquanto filmes e programas de TV estão cheios de cenas em que um policial ou um criminoso está praticamente torturando alguém para obter uma resposta dele, na vida real é melhor garantir que a pessoa de quem você está tentando obter uma base de referência esteja confortável. Eu me certificaria de que estamos sentados em um sofá e perguntaria se ele quer um copo de água. É mais provável que você obtenha uma leitura precisa de seu comportamento básico dessa maneira. Por outro lado, se estiver quarenta graus lá fora e nós dois estivermos suando em bicas, eu não tentaria descobrir se a pessoa está mentindo nessas condições desconfortáveis. Se eu conhecesse a pessoa bem o suficiente para saber se ela tem certas fobias, também as evitaria. Eu não tentaria descobrir se alguém está mentindo no topo do Empire State Building se soubesse que ele tem medo de altura – e não teria meu cachorro por perto se soubesse que a pessoa tem medo de cachorros.

Tática dois: pergunte o que ela já sabe

Ao tentar estabelecer o comportamento básico de uma pessoa, faço perguntas para as quais ela já sabe a resposta. Pense em perguntas simples sobre as quais a pessoa não tem motivos para mentir. Por exemplo, você pode saber que seu colega de trabalho costumava trabalhar na Macy's. Simplesmente pergunte a ele: "Então você trabalhou na Macy's? Como foi esse trabalho?". Uma vez que ele não tem motivos para mentir ao responder a uma pergunta simples como essa, você terá boas pistas sobre como a pessoa se comporta ao dizer a verdade.

Tática três: observe-a como um falcão

Enquanto ela está respondendo a essas perguntas inócuas, você precisa observar o assunto de perto para notar quaisquer maneirismos ou comportamentos incomuns. Faça uma anotação mental de tudo o que ela fizer enquanto responde, o que estabelece uma base de referência. Você precisa observar e anotar todos os maneirismos que a pessoa exibe durante as táticas um e dois. Aqui estão apenas alguns exemplos de maneirismos básicos:

> Bater o pé;

> Jogar o cabelo para trás;

> Roer as unhas;

- Expressões faciais incomuns;
- Baixar os olhos;
- Suspirar;
- Limpar a garganta;
- Brincar com a roupa (ajustar gravata, gola, mangas etc.).

Se você for capaz de notar quais maneirismos uma pessoa exibe enquanto não está mentindo, será muito mais fácil notar qualquer mudança de comportamento que sugira uma mentira.

Os comportamentos mentirosos

Agora que você passou algum tempo observando seu objeto de pesquisa e entendeu seus comportamentos básicos, está pronto para começar a fazer perguntas relacionadas diretamente à mentira que suspeita ter sido contada. É importante observar que uma pessoa que está mentindo provavelmente não exibirá todos os comportamentos que discutirei neste capítulo. Se uma pessoa mostra uma característica dessa lista, isso não significa que ela esteja mentindo. O que você precisa procurar são grupos de comportamento. A pessoa está exibindo alguns desses sinais? Se um agrupamento desses comportamentos estiver presente e você notar que esses comportamentos não fazem parte da base de referência da pessoa, é provável que ela esteja mentindo.

Os primeiros três a cinco segundos

Como mencionei, se uma pessoa está mentindo para você, ela provavelmente exibirá alguns comportamentos reveladores dentro de três a cinco segundos após receber uma pergunta relacionada à mentira. A pessoa pode começar a gaguejar ou não conseguir contar a história com precisão. Ele pode tropeçar nos detalhes enquanto tenta responder à sua pergunta. Isso acontece quando nossos cérebros gastam tempo para criar a mentira que acabamos contando. Se você perguntar a um funcionário "Você sabe quem pegou o dinheiro da caixa registradora?", é crucial que você preste muita atenção em como a pessoa reage nessa janela de três a cinco segundos.

A resposta indireta

Uma pessoa culpada não responderá diretamente às suas perguntas.

Uma pessoa culpada começará a listar todas as razões pelas quais você deveria confiar nela. Ele vai começar a falar sobre todas as coisas maravilhosas que fez. Você pode ouvir sobre como ele era um Eagle Scout... ou como ele é voluntário com os sem-teto. Embora ser um escoteiro ou voluntário seja maravilhoso, isso não substitui a verdade. Uma pessoa honesta simplesmente responderá à sua pergunta em vez de tentar convencê-lo de sua honestidade, contando-lhe todas as suas boas ações.

Religião

Assim como ser um escoteiro não significa que você é honesto, ser religioso também não o torna automaticamente confiável. Não é incomum que uma pessoa que está mentindo tente convencê-lo de que é confiável com base em crenças religiosas. Depois de conseguir um acordo com Daymond John no programa de televisão *Shark Tank* da ABC, fui abordado por muitas pessoas sobre vários negócios. Em um caso, pedi a um indivíduo que me mostrasse alguns números sobre um possível negócio que estávamos discutindo. Em vez de me mostrar o que eu pedi, ele continuou dizendo "Jason, eu sou cristão. Você pode confiar em mim". Essa foi uma bandeira vermelha. Se ele fosse honesto, simplesmente teria me enviado o que pedi.

Na verdade, eu sou mórmon. Quando fechei o negócio no *Shark Tank*, John queria ver minhas declarações fiscais e meus livros para ter certeza de que os números que eu dei a ele sobre meu negócio eram precisos. Se eu tivesse dito a ele: "Daymond, sou mórmon, você não precisa ver meus livros. Você pode confiar em mim", isso teria sido uma loucura. Eu não me importo com qual seja a sua religião. Se um parceiro em potencial pedir para ver seus livros e você for uma pessoa honesta, a única resposta deve ser: "Com certeza".

Os pés

Muitas pessoas pensam que seremos capazes de pegar uma pessoa mentindo observando seu rosto – que uma expressão facial repentina, um movimento da boca ou dos olhos fornecerão uma indicação segura de que ela está mentindo. A verdade é que nossos pés transmitem mais informações do que nossos rostos. Se você está sentado em uma mesa ou em um sofá com alguém e os pés dela começam a balançar quando você faz uma pergunta potencialmente prejudicial, é possível que ela esteja mentindo. Em outras palavras, se os pés dela estiverem parados, mas você fizer uma pergunta sobre a falta de dinheiro e os pés dela começarem a se mover ou balançar, há uma boa chance de ela estar mentindo. Os pés também podem lhe dar pistas em outras situações. Nossos pés naturalmente nos apontam na direção que eles querem ir. Por exemplo, se você estiver conversando com alguém em uma festa e os pés dele apontarem para uma porta, há uma boa chance de que, em algum nível, ele esteja pensando em fugir. Os agentes alfandegários são treinados para vigiar os pés das pessoas. Uma pessoa honesta que está passando pela alfândega no aeroporto vai enfrentar o despachante com os pés apontados diretamente para a pessoa. Pessoas honestas não se sentem culpadas ou parecem ter algo a esconder. Se uma pessoa está conversando com um despachante alfandegário, mas seus pés não estão alinhados com o despachante, o despachante sabe que existe a possibilidade de que a pessoa esteja mentindo. Um traficante de drogas ou uma pessoa que tem algo a esconder terá os pés apontados para a saída mais próxima ao passar pela alfândega.

O congelamento

Pense no congelamento como um movimento de uma tartaruga recuando para dentro de seu casco. É comum uma pessoa culpada se movimentar menos e congelar. Esse é um dos maiores indicadores que você obterá de que alguém está mentindo. Eu voo muito e uma vez comecei a sentir um cheiro muito desagradável. Alguém no avião obviamente havia soltado gases. Eu começo a olhar ao redor... de onde veio? Percebo que todo mundo está olhando em volta pensando exatamente na mesma coisa, exceto por um cara na fileira à minha frente, à esquerda. Ele está sentado lá, congelado, enquanto todo mundo está olhando em volta (que é o que as pessoas normais fazem). Esse cara não estava se movendo, e era óbvio que ele era o culpado.

O excesso de olhares

Os olhos certamente podem fornecer pistas de que uma pessoa está mentindo, mas não necessariamente pelos motivos que você possa imaginar. Muitas pessoas acreditam que uma pessoa que está mentindo olhará para baixo, mas há muitas outras razões pelas quais uma pessoa pode estar olhando para baixo. Se você acabou de começar um novo trabalho e o

CEO da empresa o convidou para o escritório para questioná-lo sobre a falta de arquivos em sua mesa, é provável que você automaticamente olhe para baixo devido à falta de autoridade. É uma situação intimidadora, e é natural olhar para baixo. No entanto, se a pessoa estiver mentindo, é mais provável que ela encare demais a pessoa que a questiona. O olhar fixo é usado quando um mentiroso está tentando convencê-lo de que está sendo honesto olhando para você direta e intensamente – tentando muito convencê-lo da verdade e simplesmente não exibindo um comportamento humano normal.

Uma vez, quando ainda estava na CIA, estava viajando para o exterior em férias pessoais. Quando você viaja por prazer ou por motivos pessoais como oficial da CIA, definitivamente não diz que trabalha para a CIA ao passar pela alfândega em um país estrangeiro. Quando cheguei ao balcão da alfândega, o agente começou a me interrogar duramente. Ele estava me fazendo um monte de perguntas. Eu tinha minha história planejada. Quando ela me perguntou sobre meu trabalho, eu disse a ela que "Trabalhei em museus na área de Washington, DC. Eu fazia trabalho de segurança, dando instruções às pessoas e ajudando-as a se orientarem". Enquanto eu contava minha história para o oficial da alfândega, eu me esforçava para não olhar muito e desviei o olhar. Fiz questão de olhar para baixo de vez em quando, para que a despachante não suspeitasse do que eu estava contando. (Funcionou.)

A reação exagerada

As pessoas que estão mentindo tendem a ter reações exageradas quando confrontadas. A intenção deles é vencer – e fazer você se sentir ridículo por questionar o comportamento deles. Ao exagerar, eles estão criando um cenário no qual você nunca mais vai querer questioná-los. Por exemplo, não é incomum que me perguntem sobre trair maridos. Certa vez, uma mulher que encontrou algumas evidências incriminatórias no telefone do marido me perguntou como ela poderia descobrir se ele estava tendo um caso. Ela insistiu que ele não poderia estar tendo um caso, já que o casamento deles estava indo bem. Sugeri que ela confrontasse o marido, contasse a ele sobre as evidências que encontrou e visse como ele reagiria. Ela me ligou no dia seguinte, emocionada porque seu marido não estava tendo um caso extraconjugal. Ela explicou que ele ficou indignado com a sugestão dela e extremamente chateado com a ideia de que ela não confiava nele. Infelizmente, isso foi na verdade uma grande bandeira vermelha. Se você é casado e não está traindo sua esposa, e ela o acusa de ter um caso, é provável que você não perca o controle. Se a verdade é que você não está traindo, então, no final das contas, você não tem motivos para ficar com tanta raiva a ponto de xingar e gritar e perder completamente a calma. Essa mulher finalmente recebeu uma prova definitiva de que seu marido estava tendo um caso, e até hoje ela está surpresa por eu saber. Portanto, da próxima vez que alguém reagir de maneira maluca quando você fizer uma pergunta, lembre-se de que esse é um indicador de que ele pode estar mentindo.

O Justiceiro da Luz

Não é surpresa que alguém culpado esteja mais inclinado a sugerir uma punição mais leve. É por isso que pode ser eficaz perguntar à parte culpada qual ela acha que deveria ser a punição. As pessoas inocentes envolvidas podem sugerir punições apropriadas ou particularmente duras para o malfeitor. Eles podem achar que uma pessoa que rouba no trabalho deveria ser demitida ou presa e enviada para a cadeia. Recentemente, fui informado sobre uma situação em que alguém invadiu um restaurante e levou quatro mil dólares. Enquanto tentava descobrir o que havia acontecido, a polícia distribuiu questionários a todos os funcionários, incluindo perguntas sobre o que deveria acontecer com a pessoa que roubou os quatro mil. Um funcionário antigo escreveu algo como "As pessoas cometem erros. Eles deveriam ser instruídos a nunca mais fazer isso". Ciente de que se tratava de um sinal de culpa, a polícia confrontou a pessoa, que acabou confessando.

A resposta indireta

Os mentirosos geralmente não respondem diretamente à sua pergunta. Querendo desviar sua culpa, eles farão qualquer coisa para evitar responder à pergunta. Minha filha de dois anos adora sua boneca Cabbage Patch, mas minha esposa não gosta que ela fique com a boneca na hora de dormir. Minha filha brinca com ela, e isso a impede de adormecer. Uma noite, minha filha estava brincando alegremente com sua boneca, mas eu sabia que tinha que tirá-la dela antes de dormir. No segundo em que a peguei, ela começou a gritar e berrar. Então o que eu fiz? Devolvi, porque estava exausto depois de um longo dia e queria dormir. Minha esposa, imediatamente desconfiada, perguntou-me se eu havia devolvido a boneca para ela. Em vez de responder que sim, perguntei imediatamente: "O quê?". Minha resposta indireta foi uma forte indicação de que eu estava mentindo e devolvi a boneca para minha filha que gritava (mas por acaso eu estava brincando ao responder à pergunta de minha esposa, e ela sabia disso). Se alguém que você suspeita estar mentindo responde com outra pergunta ou simplesmente se recusa a responder, isso é outra indicação de que ele pode ser culpado de mentir.

O balançar de cabeça

Embora isso possa ser mais difícil de detectar, observar como uma pessoa balança a cabeça pode ser um indicador de mentira. Resumindo, se você fizer uma pergunta a uma pessoa e ela responder honestamente, sua cabeça se move antes que as palavras saiam de sua boca.

Se a cabeça dele balançar sim ou não depois de já ter começado a falar, é provável que ele esteja mentindo. Em sua popular palestra no TED "How to Spot a Liar", Pamela Meyer mostra como esse ponto é ilustrado em uma entrevista com o ex-candidato presidencial John Edwards sobre ele ter um filho com uma mulher com quem estava tendo um caso. Enquanto Edwards estava dizendo empaticamente a um entrevistador que ficaria feliz em fazer um teste de paternidade, Meyers nos mostra que, durante toda a entrevista, Edwards estava de forma sutil balançando a cabeça negativamente. As palavras que saíam de sua boca estavam em conflito direto com o movimento de sua cabeça. Apesar de ser difícil de ver, isso é um sinal de que Edwards não estava sendo honesto.

10

COMO DESAPARECER SEM DEIXAR RASTROS

Michelle Kramer ficou preocupada quando acordou e descobriu que seu marido não estava em casa. Ela esperava que Mark, um cirurgião de sucesso na área de Chicago, tivesse simplesmente saído para correr. Michelle notou que seu marido não estava normal recentemente. Ele estava estressado com alguns processos de imperícia. Mark até perguntou se ela estaria disposta a se mudar para a Europa para viver uma "vida mais simples", e é por isso que eles estavam morando em um iate na Grécia quando ele desapareceu. Quando Mark não voltou para o barco, Michelle começou a suspeitar de que ele havia desaparecido de propósito. Depois de um romance turbulento, Mark e Michelle viveram um estilo de vida luxuoso. Eles voaram em jatos particulares para férias na Grécia e na Itália. Quando Michelle finalmente voltou para casa, ela descobriu que seu estilo de vida pomposo havia desaparecido junto com o marido. Descobriu que não havia dinheiro sobrando em suas contas bancárias, e que ele vinha realizando cirurgias em grande volume para ganhar dinheiro rápido. Houve mais de trezentos processos de negligência movidos contra ele, e eles tinham seis milhões de dólares em dívidas. Outros cinco anos se passaram antes que Mark fosse encontrado – em uma tenda no topo do Mont Blanc, a montanha mais alta dos Alpes, com comida enlatada, roupas e outros equipamentos de sobrevivência. Ele foi pego quando não pagou o aluguel de um apartamento em que às vezes ficava em uma cidade italiana próxima.

Estranhamente, ele usou seu nome verdadeiro para alugar o apartamento e, como não pagou o aluguel, o senhorio foi à polícia. Embora Mark Kramer tenha optado por desaparecer em vez de lidar com os muitos problemas que criou, infelizmente há momentos em que pessoas inocentes sentem que não têm escolha a não ser desaparecer da face da terra. Com algum planejamento cuidadoso extra e comprometimento para realizar esse plano, é possível desaparecer e não ser encontrado. Certamente não estou sugerindo que você tente fazer isso sozinho, mas muitas vezes me perguntam como isso é feito. Veja como.

O básico

Embora possível, desaparecer é complicado, estressante e requer um planejamento meticuloso. Se você realmente acreditasse que a única maneira de permanecer vivo fosse partir para sempre, teria que ficar fora da rede por muito tempo, o que é mentalmente desgastante e também logisticamente desafiador. É por isso que considero desaparecer como um último recurso. Se ordens de restrição, proteção policial, ajuda legal e outros meios não produziram resultados satisfatórios, desaparecer pode ser a opção certa para você – mas é provável que essa informação seja mais um "Quem diria?" do que um "Tente isso em casa". É óbvio que qualquer pessoa que considere essa opção, mesmo casualmente, deve pensar com cuidado antes de agir. Considere o seguinte antes de tomar essa atitude:

Recursos: se você desaparecesse, precisaria de muito dinheiro. O desaparecimento requer que você possa pagar pelo seu apartamento, comida, roupas e outras necessidades apenas com dinheiro. Você nunca mais usaria cartões de crédito.

Família e amigos: seus amigos e familiares obviamente ficariam chateados e preocupados quando você desaparecesse. Embora seja possível ter um contato muito limitado com um familiar próximo, ele deve ser mínimo, e seria complicado.

Ramificações legais: dependendo de onde você mora e de quais dívidas ou reclamações de seguros você tem em seu nome, pode haver ilegalidades no seu desaparecimento.

Indo sozinho: seria muito mais difícil desaparecer se você não pudesse ir sozinho. Desaparecer com um ente querido é incrivelmente difícil. Ter mais pessoas com você provavelmente o levaria a ser pego.

O que você está enfrentando? Como eu disse, desaparecer é o último recurso e seria uma escolha viável apenas se fosse a única maneira de permanecer vivo. Se você estivesse fugindo de um cônjuge ou namorado abusivo, precisaria considerar os recursos dele. Com que intensidade essa pessoa procuraria por você? Se você estivesse pensando em fugir do governo, estaria lidando com um jogo totalmente diferente. O governo tem uma conta bancária virtualmente ilimitada para gastar rastreando você, e fugir do governo exigiria um nível de disciplina que a maioria das pessoas não tem.

Desaparecimento: o processo de três partes

Como você pode imaginar, nunca foi tão difícil desaparecer. Há vestígios de nós em todos os lugares. Os telefones celulares indicam exatamente onde estamos a qualquer momento, temos cartões de crédito, contas bancárias, números de CPF, contas nas redes sociais e inúmeras outras coisas que podem levar alguém até nós. De acordo com a CBS News, até duzentas câmeras de segurança podem estar vigiando você a qualquer momento – câmeras de vigilância são encontradas em bancos, esquinas aleatórias, estádios, monumentos nacionais e até parques. Elas são quase impossíveis de evitar. É por isso que seguir cada um desses três passos ao pé da letra seria crucial se você quisesse desaparecer sem ser pego.

Etapa um: desinformação

A desinformação parece simples, mas na verdade é demorada e requer precisão. Desinformação é quando você manipula intencionalmente as informações que várias empresas têm sobre você. Se você olhar em sua carteira, verá que cada cartão de crédito, de associação e de passageiro frequente contém informações sobre você. Toda vez que você compra algo, a administradora do cartão de crédito lista essas transações. Todas as chamadas telefônicas feitas em seu celular ou telefone residencial são listadas. Você pode pensar que levou uma vida privada e discreta, mas, a menos que não tenha um telefone e tenha operado com base em dinheiro, informações sobre você estão disponíveis. Para iniciar o processo de desinformação, você teria que começar a fazer pequenas alterações em todas as contas que possui. Essa parte do processo é relativamente indolor e pode ser concluída em apenas algumas horas. Você deve ligar para cada conta e associação que você possui e alterar ligeiramente suas informações para jogar tudo fora.

Não é necessário alterar drasticamente as informações (você verá o porquê no passo 2). Por exemplo, você deve ligar para o seu banco e mudar o número de sua casa, ligar para a operadora do cartão Visa e mudar seu número de telefone em um dígito e assim por diante, até cobrir todas as contas que possuía, incluindo assinaturas, serviços públicos, cartões e inscrição na academia.

Além de mudar tudo isso, você deve começar a dar informações erradas durante sua vida cotidiana. Por exemplo, na próxima vez que você parar na lavanderia, você vai mencionar que está encerrando sua conta porque está se mudando para o Havaí. Na próxima vez que for ao barbeiro cortar o cabelo, você menciona que está se mudando para a Flórida. E da próxima vez que entrar no Facebook, você posta sobre a mudança para o Alabama.

O objetivo é distribuir um monte de informações falsas para que ninguém saiba para onde você realmente está indo, e você imediatamente se torne mais difícil de rastrear.

Skip tracers: eles estarão procurando você

Um *skip tracer* é uma pessoa contratada para encontrar alguém que está desaparecido. Ele pode ser pensado como uma combinação de cobrador de dívidas, caçador de recompensas e detetive particular. Se um ex-marido realmente quiser encontrar você, ele pode usar um skip tracer. Se você tem uma dívida enorme com alguém e fugiu da cidade, ele contrataria um. Embora existam muitos rastreadores profissionais que são muito bons no que fazem, com alguma perseverança e conhecimento técnico básico, qualquer um pode fazê-lo. Um *skip tracer* geralmente começa coletando o máximo de informações possível sobre a pessoa que está procurando. Ele analisará e verificará informações a fim de obter pistas sobre o paradeiro dessa pessoa. Se houver muitas informações sobre uma pessoa, em certos casos pode haver conflito, e o rastreador terá que descobrir o que é verdade.

Os rastreadores também usam várias táticas para tentar obter informações sobre você de outras pessoas. Michelle Gomez, uma mulher do Texas de um metro e vinte e quarenta quilos, é considerada uma das melhores rastreadoras do mundo. Gomez certa vez precisou localizar uma frota de carregadeiras Caterpillar levada por um grupo de peruanos. Como ela fez isso? Sua primeira tática foi encontrar o patriarca da família que havia levado os veículos. Ela contatou a esposa do patriarca e disse que estava grávida de um filho de seu marido. A tática funcionou, e ela conseguiu as informações de que precisava. Os rastreadores também usarão pretextos. Lembre-se, o pretexto é uma forma de engenharia social em que uma pessoa usa um motivo falso para obter informações sobre alguém. Um *skip tracer* pode ligar para o banco fingindo ser você. Eles podem dizer: "Ei, não recebi meu extrato bancário este mês, você pode confirmar que o enviou para esse endereço?". O funcionário do banco pode muito bem dizer "Não. Enviamos para a rua Sycamore, 123". E agora o *skip tracer* tem seu endereço residencial. Você deve ter um cuidado especial com os pretextos conduzidos por mulheres. A sociedade está condicionada a se sentir mais à vontade para divulgar informações às mulheres. Se um homem liga e pede um número de telefone, uma pessoa pode se assustar e não dar a informação. Se for uma mulher, a história pode ser outra. Já estive em uma situação em que precisava obter algumas informações de um repórter. Eu sabia que não seria fácil para mim, então pedi ajuda a uma amiga atraente. Ela não apenas obteve as informações de que eu precisava como também foi convidada para um encontro (o cara era casado, ela disse não); isso apenas mostra como estamos condicionados como sociedade a baixar a guarda para as mulheres.

Passo dois: desinformação

A desinformação é fundamental se você quiser manter os rastreadores longe de você. O objetivo da desinformação é manipular as pessoas. Você quer que eles se perguntem o que é verdade. Quais informações podem ser confiáveis? Se você quiser manter um *skip tracer* realmente ocupado, poderá criar diferentes rastros de informações falsas. Eles teriam que investigar cada trilha, idealmente descobrindo que nenhuma delas leva de volta a você. Para fins de desaparecimento, seu objetivo seria espalhar informações falsas sobre você e o local para onde está se mudando.

Investigue sua nova cidade

Se você mora atualmente em Milwaukee, mas quer desaparecer, pode dar a impressão de que está se mudando para o Arizona. Como você faria isso? Voando para o Arizona exatamente como faria se estivesse realmente se mudando. Você busca por apartamentos e casas. Você passa pelos movimentos de assinar um contrato de arrendamento. Seria bom se seu rastreador informasse ao seu ex-marido ou a quem quer que fosse que seu "crédito foi verificado pela ABC Realty Company no Arizona". Você pode alugar uma caixa postal, enviar pacotes ou correspondências ou até mesmo alugar um lugar para morar (obviamente, isso exigiria muitos recursos financeiros). O ponto principal é que você precisa deixar um rastro em sua nova cidade, fornecendo evidências de que está realmente se mudando para lá, e precisa fazer com que seja o mais convincente possível. Como você pode ver, a desinformação dá muito trabalho, porque você tem que ir para aquela cidade e fazer tudo que uma pessoa que realmente iria morar naquela cidade faria.

Passo três: reforma

Você deve ter adivinhado imediatamente que, se está fugindo de seu ex-marido em Milwaukee, não está realmente se mudando para o Arizona. Depois de configurar sua caixa postal e ter seu crédito verificado por agências de aluguel no Arizona, você, na verdade, muda-se para uma cidade totalmente diferente. Para esse caso, digamos que você fez parecer que estava se mudando para Phoenix, mas Filadélfia é a cidade real para a qual você planeja se mudar. Como você chegaria lá? Você não voaria ou viajaria de qualquer maneira que pudesse ser rastreada. Você pegaria ônibus e trens e vagaria até a Filadélfia. Você pode parar em Chicago e depois em Pittsburgh ou até mesmo sair do seu caminho e chegar à cidade de Nova York antes de seguir para o oeste, para a Filadélfia.

Dinheiro

Whitey Bulger, o infame chefe do crime que passou dezesseis anos escondido, tinha US$ 822.198 em dinheiro escondido nas paredes do apartamento que dividia em Santa Monica, Califórnia, com Catherine Greig. Os aparentemente inocentes aposentados pagavam em dinheiro o aluguel mensal dos apartamentos da Princesa Eugênia. O senhorio nunca suspeitou de nada. Ao desaparecer, é melhor operar em regime de caixa, por razões óbvias. É claro que isso é difícil de fazer, mas se você estiver fora da rede, terá que encontrar uma maneira de viver sem cartões de crédito, identidade e número da Previdência Social. Os cartões de crédito pré-pagos costumavam ser uma ótima opção, mas agora o governo dos EUA rastreia tudo, então o dinheiro é a única maneira de você não deixar nenhum tipo de rastro. Se você precisar de dinheiro extra, terá que conseguir um emprego clandestino, como trabalhar em um restaurante familiar ou talvez em construção.

Assim como o presidente, você nunca mais vai dirigir

Quando Ellen DeGeneres perguntou ao ex-presidente Bill Clinton o que ele costumava fazer todos os dias na vida normal de que mais sentia falta, ele imediatamente respondeu: "Dirigir". O presidente Obama referiu-se a dirigir um Chevrolet Volt por uma distância de cerca de três metros na fábrica da GM como um "passeio divertido". Ambos os presidentes são conhecidos por gostar de dirigir carrinhos de golfe. Dirigir é uma liberdade que a maioria de nós considera natural. Dirigimos todos os dias sem pensar em como seria se não pudéssemos mais fazer isso. Se você planeja desaparecer, terá que dizer adeus à direção e optar por uma área onde possa obter o que precisa caminhando ou de transporte público. É muito perigoso correr o risco de ser parado. Se você for parado, basicamente foi descoberto.

Depois de cinco anos escondido, foi uma abordagem por dirigir embriagado que conseguiu prender um criminoso procurado. As impressões digitais mostraram que o cara que foi parado pela polícia de Las Vegas era na verdade um homem procurado por perpetrar um esquema de pirâmide de cem milhões de dólares. Dirigir é uma das maneiras mais garantidas de ser pego. É muito fácil ser parado por uma infração de trânsito ou mesmo por um pequeno acidente.

Hábitos precisam ser quebrados

Nossos hábitos fornecem mais pistas sobre nós do que pensamos. Por exemplo, é muito fácil descobrir que sou um entusiasta de armas. Se algum dia eu tivesse que desaparecer, sei que não poderia visitar campos de tiro ou ir a uma loja de armas local, porque esse é o primeiro lugar onde as pessoas me procurariam. Na busca por Whitey Bulger, as autoridades tentaram usar o conhecido amor do casal pelos animais como uma pista e questionaram os veterinários da área. Qualquer um que o conheça estará familiarizado com suas paixões – e você deve fazer questão de abrir mão de algumas das atividades de que mais gosta. Se o seu ex-namorado sabe que você vai ao estúdio de ioga quase todos os dias, ele espera encontrar você em um. Esse pode ser um dos maiores desafios na reforma – transformar-se verdadeiramente em uma nova pessoa. Por isso é fundamental lembrar que toda vez que você se dedica a uma atividade da sua vida anterior, está deixando pistas para quem o está procurando.

Comunicação: complicada, mas não impossível

O celular pré-pago

Hoje em dia é incrivelmente fácil localizar alguém que tenha um celular comum. Obviamente, se você for desaparecer, precisará se livrar do seu *smartphone*. A boa notícia é que existe uma maneira segura e barata de ter contato mínimo com os membros da família; no entanto, isso depende do nível da ameaça contra você. Se você estava fugindo de um ex que tem muitos recursos, devo dizer que é melhor nunca mais tocar em um telefone celular ou falar com sua família. Se sua ameaça não for tão alta, você pode usar um telefone celular pré-pago. O telefone celular pré-pago é um dispositivo incrivelmente prático e fácil de encontrar. Tudo o que você precisa fazer é comprar um celular pré-pago (em dinheiro) e um cartão cheio de minutos. Estes estão disponíveis em típicas lojas de departamentos. Você apenas precisa levá-lo até o balcão e ativá-lo. Você também precisa que eles instalem os minutos para você. Mas lembre-se, quando o balconista da loja perguntar se você deseja associar um endereço de e-mail ou número de telefone, a resposta é não. Depois que seu telefone for ativado, você poderá usá-lo para ligar com segurança para sua família. Para ser mais seguro, eu trocaria o telefone de tempos em tempos – descartando os antigos.

O telefone interrompido

Se você estiver fugindo da máfia, dos cartéis de drogas mexicanos ou se estiver seriamente preocupado que seu ex-marido pudesse machucá-la, nunca mais tocará em um telefone celular. Mas se você insistir em manter contato com alguém e a ameaça for incrivelmente alta, você deve querer dar um passo adiante com os telefones celulares. Um telefone de pausa permite que você faça uma chamada telefônica com segurança usando um terceiro telefone. É um processo que envolve três telefones pré-pagos. Veja como você faria:

1. Vá a uma loja e compre um celular pré-pago (com dinheiro) e faça com que eles o ativem para você.
2. Vá a outra loja e compre um segundo telefone pré-pago.
3. E vá a uma terceira loja e compre um terceiro telefone pré-pago, então agora você tem um total de três telefones.
4. Pegue o primeiro telefone pré-pago (telefone um) e entregue-o ao amigo ou familiar com quem você insiste em manter contato. Certifique-se de anotar o número para saber contatá-lo.
5. Pegue o segundo telefone pré-pago (telefone dois) e configure o encaminhamento de chamadas nele para que ele seja encaminhado automaticamente para o telefone um. Em outras palavras, se alguém ligar para o segundo telefone, ele imediatamente encaminhará para o primeiro telefone que você deu ao seu familiar. Assim que o encaminhamento de

chamadas estiver configurado no telefone dois, você destrói o telefone dois. Quebre-o em mil pedaços e jogue-o no rio.

6. O telefone três é o que você usa para ligar para o telefone dois, que encaminha automaticamente para o telefone um. Eu sei que isso pode ser um pouco confuso, mas você basicamente colocou um intermediário entre vocês para que ninguém possa rastreá-lo (nem mesmo a Agência de Segurança Nacional). Apenas lembre-se, só você pode ligar para o seu ente querido; ele ou ela não pode ligar para você. Os telefones precisariam ser substituídos com frequência, pelo menos uma vez por mês.

O telefone de pausa é uma coisa séria de alto nível, e eu certamente espero que você nunca precise usar.

Computadores e redes sociais

Espero não precisar dizer a você que as redes sociais estão fora dos limites. A *skip tracer* Michelle Gomez disse à revista *Wired* que as pessoas que ela persegue entendem que, para evitar ser pego, você tem que trabalhar duro para limitar sua trilha digital. Isso significa ficar longe dos computadores e usar o Facebook apenas para plantar informações falsas logo no início, antes de você se mudar.

O e-mail desaparecido

Se você for desaparecer, precisará ficar longe dos computadores. Mas se o nível de ameaça não for muito alto, existe uma forma de enviar um e-mail com um endereço que desaparece. O Guerrilla Mail fornece um endereço de e-mail descartável. Você nem precisa se registrar no site. O endereço de e-mail gerado para você desaparece em uma hora após o envio da mensagem.

Viva o disfarce: como se tornar invisível

Em abril de 2003, quando Scott Peterson foi preso pela polícia de San Diego em La Jolla, Califórnia, sua aparência havia mudado. Peterson havia descolorido o cabelo e o cavanhaque. Em vez de admitir que estava tentando se disfarçar, Peterson afirmou que seu cabelo foi descolorido com cloro na piscina de um amigo. (Ainda mais suspeitos eram os itens que Peterson tinha com ele no momento de sua prisão. Peterson tinha mil dólares em dinheiro, quatro telefones celulares, cartões de crédito que pertenciam a membros de sua família, aparatos de acampamento, equipamento de sobrevivência e a carteira de motorista de seu irmão.) O disfarce de Peterson era terrível porque não apenas ele ainda era reconhecível, mas o cabelo loiro descolorido fez com que ele se destacasse ainda mais do que sua cor normal de cabelo. O objetivo de um disfarce é fazer com que você pareça o mais chato e sem graça possível para não se destacar da multidão.

Nova cor de cabelo não é suficiente

Um bom disfarce deve fazer mais do que torná-lo irreconhecível. Um disfarce deve ser abrangente, de modo que tudo o que você carrega – desde o que está na carteira até os bolsos do casaco – sustente sua nova personalidade. Os disfarces mais eficazes também o tornam imperceptível. Whitey Bulger e Catherine Greig eram conhecidos apenas como um "casal simpático e muito velho". Moradores do complexo de apartamentos disseram que o casal fazia caminhadas na praia ou no parque e cuidava de gatos de rua. Nada incomum nisso. Isso é tão típico que eles são basicamente invisíveis. Isso é o que você espera alcançar ao assumir uma nova persona após desaparecer. Seria bom pensar em quais tipos de empregos e personalidades se misturam ao cenário – dona de casa do bairro que cuida do jardim, coletor de lixo, garçom em um restaurante local. Você deve se colocar na posição de passar despercebido e não pensar em nada.

Studio Six Productions: você é um grande produtor de Hollywood

Talvez os disfarces mais famosos de todos os tempos tenham sido criados pelo ex-oficial da CIA Tony Mendez (que mais tarde foi interpretado por Ben Affleck no filme *Argo*). Mendez passou quatorze anos no Escritório de Serviços Técnicos da CIA quando se viu encarregado de tirar seis americanos da Embaixada do Canadá durante a Crise dos Reféns no Irã. Mendez tinha a especialidade de usar a "transformação de identidade" para tirar as pessoas de situações realmente difíceis. Sabendo que qualquer tática que ele adotasse para tirar os americanos teria que passar despercebida, Mendez decidiu que teria que criar uma situação que permitisse aos americanos assumir identidades falsas, atravessar o aeroporto e simplesmente entrar em um avião. Depois de ponderar alguns cenários, como fingir que os americanos eram professores ou nutricionistas inspecionando colheitas, ficou claro que o único cenário que poderia funcionar era realmente muito maluco. Mendez trabalhou com alguns contatos em Hollywood para estabelecer o Studio Six Productions. Na época, ninguém que não estivesse diretamente envolvido sabia que os "seis" se referiam aos seis americanos cujas vidas Mendez estava tentando salvar. Ele planejou fingir que os seis americanos faziam parte de um grupo de reconhecimento de localização que verificava o Irã como um local potencial.

A operação tinha que parecer legítima e todos os detalhes foram considerados. Foi adquirido um roteiro que apresentava um cenário potencialmente semelhante ao Irã. Cartões de visita foram criados, créditos de filmes anteriores foram feitos para cada grupo de reconhecimento. O escritório comercial do estúdio (que eles alugaram em Hollywood) tinha várias linhas telefônicas, inclusive uma com um número inédito estritamente para fins da CIA. Anúncios saíram na revista *Variety*. O Studio Six Productions começou a receber roteiros e fotos – e perguntas sobre quando o filme *Argo* seria filmado. Bob Sidell, um dos produtores que ajudou Mendez, até fez reuniões para ouvir propostas dos produtores sobre outros filmes que o Studio Six Productions deveria considerar fazer.

Assim que Mendez chegou ao Irã, ele apresentou a ideia aos americanos e distribuiu suas novas identidades canadenses. Mendez trabalhou com o governo canadense para obter passaportes reais e distribuiu cartões de saúde. Carteira de motorista e recibos falsos de compras aleatórias foram distribuídos. Até broches de folhas de bordo canadenses estavam disponíveis. Os americanos aprenderam o enredo e ensaiaram seus papéis. No carro, a caminho do aeroporto, Cora Lijek, funcionária do Serviço de Relações Exteriores americano que agora era "Teresa Harris, a escritora", checou seus bolsos em busca de qualquer coisa que pudesse ter seu nome verdadeiro. Depois de uma angustiante espera no aeroporto, os americanos conseguiram embarcar no avião e acabaram brindando uns aos outros com *bloody marys*. A terceira linha telefônica inédita no Studio Six Productions finalmente tocou, alertando o estúdio de produção de que os americanos haviam conseguido.

Embora a história de *Argo* seja inegavelmente dramática, existem alguns conceitos básicos de disfarce aplicados aqui que podem fazer a diferença entre escapar despercebido e ser descoberto.

Saiba quem você está tentando ser

Se seu objetivo é desaparecer, seu disfarce precisaria ir além da cor do cabelo e das roupas – você precisa mudar quem você é. Ao criar uma nova persona, você deve pensar em opções que, embora diferentes do que você faz atualmente, sejam sem dúvida factíveis. Pode ser possível ser um chef, mas pense duas vezes antes de anunciar que você é um neurocirurgião. Se você é advogado, mantenha uma identidade próxima a isso. Você não deve tentar ser um encanador, especialmente se não sabe nada sobre o que significa ser um encanador ou o que ele carrega consigo diariamente. Mendez voou para Hollywood e se encontrou com pessoas selecionadas que conhecia da indústria e obteve informações antes de abrir uma falsa produtora. Ele garantiu que os seis americanos entendessem o que seus vários empregos na produtora implicavam. Você também deve fazer o seu dever de casa.

Encontre a base de referência

Espero que agora você esteja aprendendo como é importante se misturar ao ambiente. O que quer que você esteja usando para completar seu disfarce precisaria fazer sentido como parte do ambiente em que você vive. Um chapéu de caubói pode passar despercebido em Dallas, Texas, mas se destacaria muito em Chicago. Dê uma olhada e observe o que as pessoas comuns estão vestindo. Certifique-se de que suas escolhas estejam alinhadas e que você não se destaque. Eu faço um exercício divertido durante minhas aulas de Spy Escape and Evasion em Las Vegas. Verificamos o que as pessoas estão vestindo em hotéis sofisticados, como o Wynn, e depois nos hotéis mais baratos, como o Riviera. Pode ser normal ver jeans, tênis e moletom no bufê do Riviera. Essa mesma roupa não vai combinar em uma festa de primeira classe em uma boate no Wynn. Confira os detalhes também. Que tipos de bolsas as mulheres carregam? Que tipo de casaco as pessoas usam? Lã? Capas de chuva? *Trench coats*? E não se esqueça de prestar atenção aos sapatos. É fácil esquecer que seus sapatos são uma parte

fundamental do seu disfarce. Se ninguém usa salto onde você mora, não seja a única pessoa que usa salto alto para ir ao supermercado.

Oculte suas características mais reconhecíveis

Se você estivesse tentando desaparecer, poderia finalmente se arrepender da tatuagem que fez na faculdade. Quaisquer características distintivas precisariam ser disfarçadas. Você pode precisar cobrir uma tatuagem ou até mesmo consertar os dentes. Se você é careca, precisa de uma peruca convincente. Se você tiver uma pinta, precisará removê-la. Se todos associam você aos seus óculos da moda, você precisa desistir deles e considerar lentes de contato. Todos nós temos características físicas fortemente associadas à nossa aparência. Pense cuidadosamente sobre quaisquer caraterísticas que você tenha que se destaquem e considere as opções para minimizá-las.

Altere suas características

Cabelo

Inúmeros filmes mostram pessoas mudando de aparência cortando o cabelo. Julia Roberts cortou seus cabelos ruivos ao fugir de seu marido violento em *Dormindo com o inimigo*. No filme baseado no livro de sucesso *Garota exemplar*, Amy Dunne tinge o cabelo mais escuro e o corta na altura do queixo. Parece trivial, mas mudar o cabelo é uma das mudanças mais fáceis e rápidas que você pode fazer em sua aparência. Mude seu corte, pinte-o e experimente perucas e extensões de cabelo. Embora mudar o penteado possa parecer mais desafiador para os homens, você pode alterar sua aparência mudando o formato de seus pelos faciais ou, melhor ainda, raspando-os completamente.

Tamanho e postura

Você ficaria surpreso ao ver como seu tamanho, altura e postura desempenham um papel importante em sua aparência. Altere sua postura, faça questão de se curvar ou se comporte de maneira diferente de como você normalmente faz. Com o tempo, perder ou ganhar peso também pode ajudar a tornar uma pessoa menos reconhecível.

Abandone seu estilo regular – permanentemente

Se todos na cidade podem reconhecê-lo porque está sempre usando um moletom do Green Bay Packers e um boné de beisebol, você precisa parar de mostrar seu espírito de equipe. Se você usa tênis, camiseta e jeans todos os dias nos últimos vinte anos, mudar para cáqui e uma camisa polo seria um começo para afastar as pessoas (mas apenas se isso se encaixar na base de referência de sua nova comunidade). Por outro lado, se você é um cara que usa terno, pode abraçar shorts e uma camisa folgada. É possível se disfarçar ainda mais mudando o caimento de suas roupas. Se você costuma preferir estilos mais soltos, as pessoas podem não ter ideia de que, por baixo dessas roupas largas, você é alto e magro.

Construindo um kit de disfarce

Se você quisesse desaparecer, precisaria reunir itens para ajudar a esconder sua identidade. O seguinte pode ajudá-lo a criar um disfarce para sua nova persona:

- Perucas;
- Bigodes, cavanhaques e pintas/verrugas falsos;
- Tatuagens temporárias;

> Óculos escuros;

> Chapéus e bonés de beisebol;

> Óculos sem grau;

> Cílios falsos;

> Brincos de pressão;

> Piercings falsos;

> Roupas que se encaixam em quem você está tentando ser – hippie, homem de negócios conservador, fanático por esportes (sutil é melhor);

> Lentes de contato;

> Maquiagem;

> Extensões de cabelo;

> Aliança de casamento (se você quiser parecer solteiro, tire o anel com antecedência para dar tempo de o amassado do dedo desaparecer);

> Joias e relógios.

Disfarce em fuga

Se você precisasse fugir a qualquer momento, poderia se disfarçar e evitar ser reconhecido pelas câmeras de segurança com bastante facilidade. Pode levar apenas um chapéu, um par de óculos e algumas roupas que você normalmente não usaria para passar despercebido.

A arte do lixo de bolso

Cora Lijek, uma das mulheres que escapou do Irã disfarçada de roteirista, estava certa em verificar seus bolsos em busca de evidências de que revelaria sua verdadeira identidade. O conteúdo dos bolsos, carteiras e bolsas são uma parte importante de retirar um disfarce. Se você olhar em seus bolsos, carteira, bolsa ou coisas em seu carro, provavelmente há algumas coisas que revelam um pouco de informação sobre você. Um copo vazio da Starbucks me diz que você bebe café, um recibo de uma livraria sugere que você gosta de ler, e os biscoitos esmagados no chão do seu carro são um sinal definitivo de ter filhos. Ao planejar um disfarce, você precisa pensar nos tipos de itens que a pessoa em quem você se transformou estaria carregando. Se eu estivesse tentando me passar por um produtor de cinema, provavelmente teria um telefone celular, cartões de visita e recibos de restaurantes chiques. Se eu fosse um trabalhador da construção civil, poderia ter uma chave de fenda, lâmina de canivete, cartões de visita e pregos. Os disfarces precisam ser completos, e é importante carregar os materiais apropriados com você o tempo todo.

Identificação

Um dos maiores desafios para desaparecer da face da terra é lidar com a identificação. Como eu disse, desaparecer de verdade significa desistir de atividades que exigem uma identidade emitida pelo governo. Você não vai mais entrar em aviões ou dirigir. Novamente, isso é algo que precisa ser considerado antes de tomar medidas para desaparecer. Aqui estão algumas informações adicionais sobre identidades que acho que todos deveriam saber.

Nunca obtenha uma identidade falsa "emitida pelo governo"

Se você está tentando desaparecer, pode ser tentador encontrar alguém que falsifique um passaporte ou carteira de motorista para você. Saiba que, se você fizesse isso, seria pego. É extremamente difícil conseguir uma identidade falsa emitida pelo governo. Hologramas e fitas magnéticas as tornaram quase impossíveis de reproduzir. Se você ficar tentado obter uma on-line, saiba que é uma farsa. Se você enviar quinhentos dólares para obter uma carteira de motorista falsa da Califórnia, garanto que nunca mais verá esse dinheiro e esse documento não chegará. Também é ilegal.

Crachá da empresa

Às vezes sou contratado para me infiltrar em prédios. Se você já viu o filme *Sneakers*, sabe o que é isso. É basicamente meu trabalho ver como é fácil entrar em um lugar onde não deveria estar. Sempre que faço isso, vejo em primeira mão como as pessoas estão condicionadas a aceitar um crachá da empresa. Uma vez eu estava tentando entrar em uma convenção. Tudo o que fiz foi fazer uma identificação barata e fácil com um cordão. Eu apenas fui até o segurança e disse: "Ei, parece que vai ser um longo dia". Ele basicamente respondeu "Sim", viu meu crachá da empresa e me deixou entrar. O crachá que fiz funcionou, mas também agi como se eu devesse estar lá. Eu me aproximei do cara e comecei uma conversa. Eu não estava me escondendo, nervoso ou como se não fosse confiável.

NUNCA ACREDITE NO CRACHÁ DA EMPRESA DE UM ESTRANHO SEM VERIFICAR QUEM ELE É E POR QUE ESTÁ LÁ.

Você certamente não quer fazer nada ilegal, mas se o seu espião interior quiser se divertir fazendo uma identificação da empresa, você só precisa de alguns itens baratos e um pouco de tempo. Também gostaria de salientar que você certamente nunca deve acreditar no crachá da empresa de um estranho sem verificar quem ele é e por que está lá. Se a FedEx chegar com um pacote ou alguém da empresa da cidade aparecer na sua porta, procure o número e ligue para confirmar (é importante que você mesmo pegue o número).

Seu Clark Kent/Super-Homem interior

Como eu disse, espero que você nunca precise desaparecer. Na chance de precisar usar um disfarce, você pode se inspirar em uma fonte improvável – Navey Baker, uma adolescente mórmon moleca do Texas. Baker se descreve como tímida e quieta. Ela até se sente desconfortável pedindo um burrito no Taco Bell. Mas Baker também se compara ao Super-Homem, basicamente adquirindo poderes quando coloca seu "disfarce", que é uma fantasia de tigre gigante. Baker é o amado mascote da escola do time de futebol Gilbert High School Tigers. O *This American Life* da NPR descreveu Baker e sua capacidade de transformar completamente sua personalidade colocando um disfarce. Baker disse que, ao vestir uma fantasia de tigre, ela se torna alguém que "não se importa". Em seu disfarce, a adolescente tímida foi descrita como tendo uma "atitude confiante". Quando Baker está usando seu disfarce, ela pode dar cambalhotas – algo que ela é completamente incapaz de fazer em seu estado normal. Embora você não espere que uma adolescente autoproclamada desajeitada seja um modelo para aqueles que querem esconder sua identidade, sua capacidade de transformar sua personalidade exemplifica o que há de melhor no disfarce.

11

A ARTE DA DIREÇÃO DE SOBREVIVÊNCIA

Cerca de cinco anos atrás, eu estava dirigindo pela cidade de Baltimore. Foi depois de uma forte tempestade de neve e não havia nenhum outro carro na estrada. Eu estava dirigindo por uma rua estreita da cidade, cada lado cercado por casas geminadas. De repente, um cara correu até o meu carro e tentou abrir a porta. Ele não conseguiu abrir, porque sempre faço questão de trancar as portas. Eu imediatamente acelerei e voltei meus olhos para a estrada à minha frente. Uma mulher estava parada bem na frente do meu carro, tentando bloquear minha entrada. Graças ao treinamento que tive, consegui desviar dela e fugir. Quando olhei pelo espelho retrovisor enquanto saía, cerca de dez pessoas haviam corrido na rua, com a intenção de perseguir meu carro. Embora eu tenha tido a sorte de fugir, as coisas não acabam tão bem para todos.

Por volta das 21 horas de um domingo, algumas semanas antes do Natal, Dustin Friedland, de trinta anos, e sua esposa, Jamie, estavam voltando para seu Range Rover depois de fazer compras em um sofisticado shopping de New Jersey. O Sr. Friedland fechava a porta do lado do passageiro para sua esposa quando de repente foi atacado por quatro homens. Houve um confronto, e o Sr. Friedland foi baleado na cabeça (mais tarde ele foi declarado morto em um hospital local). Sua esposa foi forçada a sair do carro por um dos homens, e eles fugiram do local. Os homens que roubaram o veículo acabaram abandonando-o nas proximidades de Newark. Acontece que os quatro homens envolvidos no roubo de carros tinham antecedentes criminais graves e passaram um tempo na prisão por vários roubos e acusações de drogas. Um dos crimes mais terríveis do Tennessee começou com um roubo de carro. Christopher Newsom e Channon Christian estavam namorando há apenas alguns meses quando decidiram sair para jantar. Uma vez que nenhum deles voltou para casa, suas famílias chamaram a polícia. A polícia logo descobriu que um ferroviário havia encontrado o corpo de Newsom perto de alguns trilhos fora de Knoxville. Eventualmente, o corpo de Christian também foi descoberto. Quando a situação foi resolvida pelas autoridades, eles conseguiram determinar que o casal havia sido roubado no estacionamento de um prédio. Embora, felizmente, a maioria das vítimas de roubo de carros não sofra um destino tão terrível quanto o do jovem casal, o roubo de carros é um crime sério que você deve estar preparado para combater.

Uma ameaça séria

O sequestro de carros, basicamente uma forma séria e possivelmente fatal de roubo de carros, é atualmente o crime que mais cresce nos Estados Unidos. Os carros tornaram-se muito mais complicados de arrombar e, como resultado, é simplesmente mais fácil para um criminoso roubar um carro diretamente de um indivíduo usando a força. Quero que conheça algumas estatísticas sobre sequestros de carros:

> 77% dos sequestros de carros envolvem uma arma, na maioria das vezes uma arma de fogo;

> 87% dos sequestros de carros são cometidos por homens;

> 54% dos sequestros de carros são cometidos por duas ou mais pessoas;

> Um ladrão de carros provavelmente será um homem com menos de 29 anos;

> A maioria dos sequestros de carros ocorre durante o início da noite ou tarde da noite;

> A maioria dos sequestros de carros ocorre em áreas urbanas, seguidas pelas suburbanas e depois pelas rurais;

> 63% dos sequestros de carros ocorrem a menos de oito quilômetros da casa da vítima;

> Os sequestros de carros são mais prováveis de ocorrer em uma noite de domingo.

E embora eu possa dizer em primeira mão que ser vítima de uma tentativa de roubo de carro é uma provação assustadora, há muitas coisas simples que você pode fazer para se manter seguro em seu carro.

Noções básicas de direção de sobrevivência

Antes de entrarmos em alguns dos aspectos reconhecidamente mais emocionantes da direção de sobrevivência, você precisa estar ciente das táticas incrivelmente simples que podem salvar sua vida. Sei que o que estou prestes a dizer vai soar como simples senso comum, mas você ficaria surpreso com quantas pessoas não fazem essas coisas. Tudo o que estou prestes a falar deve se tornar algo natural, como colocar o cinto de segurança.

Tranque suas portas

Em Houston, uma mulher foi sequestrada enquanto estava parada em um sinal vermelho. O subchefe de polícia disse ao noticiário local que o criminoso "abriu a porta e entrou". Uma vez dentro do veículo, o criminoso armado ordenou que a mulher dirigisse até um restaurante abandonado, onde a mandou descer. O veículo foi posteriormente rastreado através do GPS em seu sistema OnStar. Se ainda não o faz, você precisa adquirir o hábito de trancar as portas imediatamente assim que entrar no carro.

Janelas fechadas

Um homem da área de Seattle provavelmente se arrepende de não ter mantido as janelas fechadas enquanto estava sentado em seu carro estacionado, esperando por sua esposa. Ele estava jogando em seu iPad, mas logo decidiu colocá-lo entre os assentos, fechar os olhos e meditar.

Momentos depois, ele sentiu algo tocar sua perna. Um adolescente enfiou a mão por uma janela lateral e roubou o equipamento.

Embora claramente não seja uma boa ideia sentar-se no carro com os olhos fechados e as janelas abertas, é absolutamente necessário não abrir a janela para ninguém. Eram cerca de onze da noite quando "Danny" (o empresário de 26 anos não quis usar seu nome verdadeiro) parou o carro no acostamento para responder a uma mensagem de texto. Um carro desviou atrás dele, pisando no freio. Um homem saiu do carro e bateu na janela e, infelizmente, Danny decidiu abri-la para ver o que o homem queria. Nesse momento, o homem enfiou a mão no carro e o destrancou. Ele entrou no carro carregando uma pistola prata. Isso não foi apenas um roubo de carro – foi um roubo de carro pelo Boston Marathon Bomber, que estava sendo caçado pelas autoridades. Danny recebeu ordem de dirigir e, quando chegou o momento certo, agiu rapidamente. Eles foram parados em um posto de gasolina que tinha uma placa dizendo "somente dinheiro". Enquanto o irmão mais novo entrou para pagar, Danny simplesmente soltou o cinto de segurança, abriu a porta e saiu correndo. Ele conseguiu chegar a um posto de gasolina do outro lado da rua, onde se escondeu em uma sala de suprimentos e pediu ao balconista que ligasse para a polícia.

Embora a história de Danny seja incomum, é muito fácil ser um alvo quando você está parado em um semáforo ou estacionado com as janelas abertas. Dirigir com a janela aberta ou abri-la para falar com um estranho torna você imediatamente vulnerável a roubo ou sequestro de carro. Resista à tentação de dirigir com os vidros abertos. Simplesmente não vale a pena.

Desligue seu carro

A vida é agitada, e é muito fácil pensar que não há problema em entrar em uma loja para fazer uma tarefa rápida ou conversar com um amigo sem desligar o carro. Há um pai em Minneapolis que aprendeu da maneira mais difícil como essa ideia é ruim. Um homem estava em um posto de gasolina quando viu um conhecido. Ele desceu do carro para conversar com a pessoa, deixando o carro destrancado com o filho de dois anos no banco traseiro. De repente, uma pessoa entrou em seu carro e fugiu. Felizmente, a polícia encontrou o carro pouco tempo depois, com a criança adormecida dentro dele. Moradores de Colorado Springs viram uma série de veículos roubados enquanto estavam sendo aquecidos, com seus proprietários permanecendo em suas casas. Em Baltimore, os policiais ficaram surpresos ao descobrir que metade de todos os carros roubados na cidade tinha as chaves na ignição. O *Baltimore Sun* aponta que esse problema não é exclusivo de lá. A Administração Nacional de Segurança no Tráfego Rodoviário e o Departamento de Transportes dos Estados Unidos estimam que 40%

a 50% dos roubos de veículos são resultado de erro do motorista. Erros como deixar as chaves na ignição ou as portas destrancadas com as chaves no banco. Como discutimos no Capítulo 7, a maioria dos crimes são crimes de oportunidade. Não torne mais fácil para ladrões em potencial roubarem seu veículo deixando a porta aberta e as chaves dentro. Sempre reserve alguns segundos extras para desligar o seu carro, mesmo que você esteja na sua própria garagem. A alternativa – correr rapidamente para dentro de casa para pegar sua carteira e sair para descobrir que seu carro foi roubado – não vale o risco.

40% A 50% DOS ROUBOS DE VEÍCULOS SÃO RESULTADO DE ERRO DO MOTORISTA.

Como sempre, pratique a consciência situacional

É fácil pensar que você está seguro em seu carro, porque é o seu espaço pessoal. O ponto principal é que, quando você está no carro, precisa permanecer em código amarelo, como faria se estivesse andando na rua. Susan Biggs, uma enfermeira da Flórida, estava lendo no estacionamento de um hospital antes de seu turno começar. Enquanto ela lia, dois homens se aproximaram de sua janela aberta. Eles tinham uma arma e disseram a ela para sair do carro. Os suspeitos fugiram do local com o carro dela. Eles foram pegos após uma longa perseguição. É lamentável que você não possa se comportar em seu carro como faria em sua casa, mas esse é o mundo em que vivemos hoje.

Quando você está mais vulnerável

Certifique-se de ser extremamente vigilante quando estiver parado em um semáforo ou sinal de parada. Obviamente, se o seu carro não estiver em movimento, você é um alvo fácil. Quando você está dirigindo a 120 quilômetros por hora na estrada, você não é um alvo fácil e não precisa se preocupar com alguém roubando seu carro. Se alguém se aproximar do seu veículo, não abra o vidro nem tente falar com essa pessoa. Fique de olho nas mãos dela e no que ela está fazendo. Se você o vir pegar uma faca ou uma arma ou se seu instinto lhe disser que algo não está certo, dirija para algum lugar – seja à esquerda ou à direita, para trás ou para a frente. Lembre-se, o movimento salva vidas, então saia da zona de perigo.

Você não precisa estar no seu carro

Lembre-se, os roubos de carros podem ocorrer dentro ou fora do seu veículo. Dustin Friedland não estava em seu carro quando ocorreu o roubo mortal. Ele estava se aproximando de seu veículo após sair de um shopping. Ao caminhar até o carro, fique atento aos locais onde alguém possa estar escondido, estacione em áreas bem-iluminadas e tenha sempre as chaves à mão.

Você pode ver os pneus?

Na próxima vez que parar em um semáforo, reserve um momento para observar o carro à sua frente. Quão perto de fato você está parado daquele carro? Consegue ver os pneus? Aprenda a parar em um ponto que permita ver os pneus do veículo à sua frente. Esta é uma precaução de segurança importante que pode salvar sua vida. Toda vez que você estiver parado ou preso no trânsito, certifique-se de parar o veículo antes de chegar perto demais. Deixar essa quantidade de espaço permite que você contorne o veículo caso precise fugir em uma emergência. Você não pode fazer nada para controlar o espaço atrás de seu carro, portanto, certifique-se de controlar o espaço à sua frente.

CERTIFIQUE-SE DE CONTROLAR O ESPAÇO À SUA FRENTE.

Seu tanque de gasolina

Todos vocês já ouviram que devem ter pelo menos meio tanque de gasolina. Percebo que isso nem sempre é fácil de fazer e que a maioria das pessoas nunca o fará. No entanto, não deixe seu carro ficar abaixo de um quarto de tanque – e nunca deixe que ele fique tão baixo que acenda a luz da reserva. Se algo acontecer e você estiver em uma situação de direção de fuga, um quarto de tanque pode levá-lo a cerca de 100 quilômetros. Isso é longe o suficiente para tirá-lo de uma situação potencialmente perigosa.

Pneus = controle

Não posso deixar de enfatizar o quanto é importante ter pneus de qualidade e com a manutenção adequada em seu veículo. Quatro pneus são tudo o que há entre você, seus entes queridos e a estrada. Se você estiver em uma situação de direção de fuga, precisará de todo o controle possível, e isso virá de seus pneus. E quando foi a última vez que você verificou a pressão do ar nos pneus? Acontece que a maioria de nós está dirigindo com pneus murchos. Aqui está uma regra prática a seguir: mantenha seus pneus 10% abaixo das libras por polegada quadrada (psi) recomendadas indicadas na parede do pneu. Em outras palavras, se você for até o seu carro hoje e ele indicar 44 psi na parede do pneu, então você deve enchê-los para quarenta. (Não estou preocupado com o que diz o fabricante do carro, porque eles não sabem quais pneus você pode acabar colocando no veículo.) Você não apenas terá um melhor controle, mas também obterá um melhor consumo de combustível. Depois de colocar os pneus na pressão ideal, certifique-se de verificá-la de tempos em tempos. E não se esqueça de verificar o estepe.

Os ajustes certos

Uma das primeiras coisas que faço quando ensino minha experiência de condução Escape and Evasion é mostrar às pessoas como saber se o assento está na posição ideal para dirigir. Muitas pessoas estão na verdade sentadas muito longe do volante. Há uma coisa simples que você pode fazer para ver onde seu assento deve estar. Na próxima vez que entrar no carro, estenda o braço em direção ao volante e descanse-o em cima dele. É indicado que a parte inferior do punho fique sobre o volante. Se seus dedos estiverem tocando o volante, você está muito para trás e precisa mover o assento para frente. Se o volante estiver tocando seu antebraço, mova-o para trás até que seu punho esteja apoiado no volante com o braço totalmente estendido.

Posição da mão

As pessoas que fizeram minhas aulas sabem a diferença que o posicionamento adequado das mãos faz. Fazemos uma série de exercícios evitando bloqueios de estradas e atingindo veículos. As pessoas descobrem imediatamente que, se suas mãos não estiverem posicionadas *às nove e às três horas*, você não conseguirá controle suficiente sobre o carro para executar corretamente as manobras. Se você acabar em uma situação de direção de fuga, é fundamental que suas mãos estejam nessa posição. Ter as mãos às nove e às três horas automaticamente o força a manter os cotovelos dobrados, o que permite que você obtenha o máximo de mobilidade do carro. Se suas mãos estiverem nessas posições e houver um cara parado na frente do seu carro tentando bloqueá-lo, você facilmente conseguirá manobrar seu carro ao redor dele.

Um clichê de Hollywood que é verdade: a van

Todos nós já vimos um filme em que alguém é agarrado e empurrado para dentro de uma van. Esse é um dos poucos clichês que posso dizer que é verdade. Uma mulher que fez minha aula teve um quase encontro horrível com uma van. Era uma tarde clara, em uma boa parte de LA. Ela estava andando na rua quando notou uma van branca passando ao lado dela. Ela ficou imediatamente desconfortável. De repente, um cara agarrou seu punho. Felizmente, ela sabia o que fazer e lutou contra ele enquanto gritava como uma louca. O cara pulou na van e foi embora. Existem numerosos exemplos semelhantes, tanto nos Estados Unidos quanto no exterior. Há uma razão para isso. É muito mais fácil empurrar alguém, principalmente alguém grande, para dentro de uma van do que tentar colocá-lo em um carro comum. Então, mesmo que tenha se tornado um clichê, mantenha distância.

Seus retrovisores laterais

A maioria dos americanos usa seus retrovisores laterais para ver a traseira de seus carros. Da próxima vez que entrar no carro, olhe pelos retrovisores laterais. Se você puder ver qualquer área da parte traseira do seu carro, precisará empurrá-lo para fora. Isso lhe dará uma visão mais periférica ao dirigir, e você poderá ver melhor o que está em seu ponto cego.

Roubo de carro: como pode acontecer

Em alguns casos, os ladrões de carros simplesmente se aproximam do veículo, mostram suas armas e exigem que você saia. Outras vezes, eles usam métodos mais complicados para manipulá-lo para uma posição em que seu carro pode ser roubado. Ao conhecer as várias táticas usadas por eles, você saberá quando uma situação pode não ser exatamente o que parece.

O "esbarre e roube"

É natural querer ser diligente e garantir que nenhum dano seja feito ao seu carro em uma pequena colisão. Se você se encontrar em uma situação em que a pessoa atrás de você esbarra em seu carro, pense duas vezes antes de inspecionar os danos. Em Del Ray Beach, Flórida, um homem pegou dinheiro em um banco e foi atingido na parte traseira do carro. Quando o homem saiu para inspecionar os danos, dois homens saíram do carro, sacaram uma arma, amarraram os punhos da vítima e exigiram dinheiro. Quando o homem alegou que não tinha dinheiro, um dos assaltantes tirou dinheiro da camisa do homem. O outro assaltante tentou entrar no carro dele, mas as portas estavam trancadas. Uma situação semelhante em Atlanta, Geórgia, terminou tragicamente. Janice Pitts, de 53 anos de idade, estava dirigindo para o trabalho com a filha e o neto de quatro anos quando foi atingida várias vezes por Dewey Green em um semáforo. Quando ela saiu para examinar o carro, Green acelerou o carro, prendendo a avó entre os dois veículos. Green então deu ré com sua caminhonete, disparou contra seu carro e passou por cima de Pitts, matando-a. Green tinha um histórico de direção imprudente, prisões por porte de drogas e um registro de danos criminais quando menor de idade.

O bom samaritano na versão roubo de carros

Já falamos sobre como ser um bom samaritano pode causar problemas. A mesma coisa vale para potenciais ladrões de carros. Quatro adolescentes em Orlando pensaram que fingir problemas com o carro seria uma ótima maneira de conseguir dinheiro para abastecer e sair para uma noite na cidade. As meninas dirigiam com o pisca-alerta aceso e, quando notaram um jovem andando na rua, pararam em um estacionamento e pediram ajuda com o carro superaquecido. Cameron Castro, de 21 anos, abaixou o capuz, e uma das meninas cobriu o rosto com a camisa e pediu "tudo o que tinha". Castro entregou cinquenta dólares, apenas para ser atingido duas vezes pelo para-choque dianteiro do carro. Em Greenville, Tennessee, três suspeitos também fingiram problemas na estrada para atrair os bons samaritanos. Aparentemente, um homem e uma mulher estavam sentados na beira da estrada com o capô do carro levantado. A mulher segurava o que parecia ser um bebê e gesticulava pedindo ajuda. Quando alguém parou para ajudar, um homem saiu do SUV, e os dois homens abordaram as vítimas com armas enquanto exigiam dinheiro.

É completamente compreensível querer ajudar as vítimas de um acidente de carro, mas também é possível que o acidente seja manipulado. O ponto principal é que, se você vir alguém que parece precisar de ajuda, use seu celular para chamar a polícia; se decidir sair e ajudar, seja extremamente cauteloso.

A armadilha

A armadilha é basicamente uma maneira de roubá-lo em sua própria garagem. Leamon R. Hunt, um diplomata dos Estados Unidos, foi assassinado em Roma, em 1984, em uma variação da armadilha. Uma noite, Hunt chegou a sua casa, onde teve que esperar que um portão se abrisse antes de entrar na propriedade. Enquanto ele esperava, três homens armados saíram de um carro estacionado do outro lado da rua e abriram fogo. Hunt foi finalmente morto quando um atirador pulou no porta-malas de sua limusine e disparou um tiro que passou por uma abertura no vidro à prova de balas de seu veículo.

O estratagema

Todos nós queremos ser motoristas seguros, portanto, se outro motorista estiver piscando o farol para nós ou gesticulando para pararmos, podemos fazê-lo por preocupação com nossa segurança. No entanto, sabe-se que os ladrões de carros aproveitam esses medos para colocar as pessoas em uma posição vulnerável. Se alguém está acenando freneticamente para você encostar e seu carro não está pegando fogo, e nada parece estar errado, apenas chame a polícia e continue.

Como evitar ser roubado

Embora existam algumas táticas básicas que você pode adotar para se manter mais seguro ao dirigir, lembre-se de que os ladrões de carros podem ser criativos, e você deve permanecer alerta e atento. Na Inglaterra, eles começaram deixando folhetos nas janelas traseiras. Os motoristas realmente não notavam os papéis até começarem a dirigir e olharem pela janela traseira. Quando o motorista encosta para remover o irritante pedaço de papel, os ladrões de carro pulam no banco da frente e saem. Portanto, lembre-se de praticar a consciência situacional o tempo todo e pratique as seguintes táticas:

> Mantenha sempre as janelas fechadas e as portas trancadas;

> Pratique a evitação. Não dirija em áreas de alta criminalidade ou áreas isoladas e tente evitar dirigir tarde da noite;

> Esteja especialmente atento quando estiver parado em semáforos vermelhos ou em engarrafamentos. Como sempre, não fale ao telefone, não envie mensagens ou jogue em seu *smartphone*;

> Qualquer dano menor que seu veículo possa sofrer devido a um pequeno acidente de trânsito não vale arriscar sua vida. Não

se preocupe com pequenos danos em um para-choque. É perfeitamente normal simplesmente ligar o pisca-alerta, chamar a polícia e ficar dentro do carro até que um policial chegue ao local;

> Não arrisque sua própria segurança sendo um bom samaritano na beira da estrada ou em uma rodovia importante, independentemente da situação. Se você quiser ajudar, basta ligar para a polícia e informar que há pessoas na beira da estrada que precisam de assistência;

> Se alguém se aproximar da sua janela e quiser falar com você, fale pela janela, mas não a abra. A janela fornece uma barreira psicológica, bem como uma barreira física. Vai parecer estranho, mas provavelmente o criminoso verá que você não é um bom alvo e irá embora;

> Mantenha um celular no carro para o caso de precisar pedir ajuda;

> Ouça seu instinto, como eu recomendo que você faça em qualquer situação. Em minha linha de trabalho, encontrei muitas pessoas que foram sequestradas. Todas elas me disseram "alguma coisa simplesmente não parecia certa". Siga seus instintos;

> Você já sabe que é crucial garantir que ninguém o esteja seguindo em seu veículo. Adquira o hábito de verificar o espelho retrovisor antes de fazer a última curva para a sua casa. Se você suspeitar que alguém está seguindo você, continue andando e chame a polícia;

> Resista à tentação de organizar os pertences ao entrar no carro. Tente não perder tempo colocando itens em sua bolsa. Mexer no seu sistema de GPS ou fazer ligações o coloca em

uma posição vulnerável. Olhe para cima com frequência se precisar fazer coisas no carro antes de sair dirigindo;

> Pense como um criminoso. Você parece um bom alvo? Você está falando ao celular ao sair do shopping? Você está usando muitas joias caras? Deve-se notar que os ladrões de carros se interessam por mulheres, jovens e senhoras, que estão sozinhas. Eles não estão interessados em grupos de pessoas, porque são muito mais difíceis de lidar. E alguns de vocês podem se sentir melhor sabendo que é improvável que os ladrões de carros tenham como alvo as mães que estão com seus filhos. As mães brigam como loucas, então geralmente são evitadas.

Como lidar com um roubo de carro

Embora eu certamente espere que você nunca seja vítima de um roubo de carro, vou lhe dizer exatamente o que fazer caso o impensável aconteça. Você está parado em um sinal vermelho quando um criminoso armado se aproxima de você e exige seu carro. O que você deveria fazer? Vou lembrar mais uma vez que *o movimento salva vidas*. Faça o que fizer, certifique-se de que congelar não será sua resposta.

Se você está com uma criança

Não peça permissão para pegar seu filho. Simplesmente diga aos ladrões de carros que seu filho está no carro e você vai pegá-lo. Vá até seu filho, tire-o do cinto de segurança e saia do carro.

Se um ladrão de carros tentar levar você

É importante que você saiba que corre o risco de perder a vida se entrar em um carro com um criminoso. Suas chances de ser estuprada ou morta aumentam substancialmente se você entrar em um carro com um criminoso. Não acredite nos filmes de Hollywood, nos quais as pessoas entram em carros com criminosos e os convencem a deixá-los ir. Se você estiver sendo forçado a entrar no carro, lute de todas as maneiras possíveis para evitar que isso aconteça. Use sua arma, faca, caneta tática ou o que você tiver e faça o que for necessário para garantir que você não acabe fugindo com o ladrão de carros.

Seu carro vai aonde seus olhos vão

Já viu um motorista bêbado no noticiário que conseguiu bater em uma árvore em um grande campo? Ou aquele poste de luz em um grande estacionamento? Isso ocorre porque seu carro vai para onde seus olhos vão, e é importante saber disso ao fazer manobras de fuga. Por exemplo, se você tiver que fazer manobras de fuga em um país estrangeiro onde as estradas são mais estreitas, certifique-se de manter os olhos no local da estrada onde você precisa virar, e você terá muito mais facilidade manobrando seu carro nos lugares corretos.

Seu espião interior: manobras de direção de fuga

Quando a maioria das pessoas pensa em filmes de espionagem, pensa em perseguições de carro – carros sendo perseguidos por helicópteros ou voando de pontes, espiões atirando em bandidos pelas janelas enquanto voam por cidades movimentadas. Uma das minhas aulas favoritas é a Escape and Evasion Driving Experience, em que os americanos comuns aprendem como fazer uma curva 180° de ré, evitar uma emboscada, bater em um veículo e muito, muito mais. Aqui estão algumas dicas que compartilho com meus alunos que podem salvar sua vida um dia:

O Reverso 180° ou o Reverso dos Arquivos Rockford

Talvez você se lembre das manobras malucas que Jim Rockford fazia em seu Pontiac Firebird dourado. De alguma forma, aquele cara estava sempre se metendo em situações em que o 180° reverso era a única opção. Então, o que você faz se precisar dirigir para trás para seguir em frente?

1. Coloque a mão *esquerda* na posição das *nove horas*;
2. Dê marcha a ré em direção ao ponto onde você precisa virar. Para garantir que seu carro termine na posição reversa, você precisa estar indo a pelo menos trinta quilômetros por hora e deve ir entre trinta e cinquenta quilômetros por hora;
3. Quando você atingir a área da estrada onde deseja fazer a curva, gire a mão esquerda imediatamente para a posição das três horas e, ao mesmo tempo, tire o pé do acelerador. Você não deve ter o pé no acelerador ou no freio nesse momento;
4. Seu *front-end* vai girar e agora você deve estar voltado para a direção oposta. *Coloque o carro em movimento* e continue dirigindo até estar seguro.

O exercício *killzone*

Essa é uma técnica que ensino para as pessoas que estão no ramo de proteção executiva. Imagine um cenário em que você está em um comboio e um dos carros é desativado durante um ataque. Usando um carro que ainda está rodando, você precisa empurrar o carro desativado para fora da área de ataque.

1. Você vai dirigir em uníssono com a pessoa que está rede elétrica no carro desativado. O carro deles deve estar em ponto morto;
2. Não pressione o pedal do acelerador. Dirija lentamente em ré até fazer contato com o carro danificado;
3. Depois de fazer contato, continue dirigindo em marcha à ré, empurrando o outro carro para a segurança.

Como bater em um carro

Imagine um cenário em que você se depara com um bloqueio na estrada e precisa atravessá-lo para salvar sua vida. Com sorte, você nunca terá que fazer isso. Algumas coisas a saber sobre bater carros: Hollywood entende isso totalmente errado. Você não pode bater em um carro enquanto viaja pela rodovia a cem quilômetros por hora. Ir tão rápido pode desativar o carro em que você está, e você nunca será capaz de acelerar depois de passar pelo bloqueio. Na verdade, você deve ir de trinta a quarenta quilômetros por hora – no máximo. Essa não é apenas a velocidade certa para mover o outro carro, mas também garante que o carro que você está dirigindo continue funcionando. Você também deve atingir o outro carro logo à direita do tanque de gasolina – na parte de trás. Você não deve bater na frente do carro, onde está o motor – é muito pesado.

1. Aproxime-se do veículo indo a pelo menos (mas não muito mais do que) trinta quilômetros por hora. Se, por algum motivo, você pisar no

freio e tentar forçar um carro a oito quilômetros por hora, você não o moverá, mas basicamente sofrerá um pequeno acidente de carro;

2. Bata o seu carro na parte de trás do veículo, perto do tanque de gasolina. Não se esqueça de manter o pé no acelerador e acelerar através do veículo. Em outras palavras, mantenha o pé no acelerador o tempo todo enquanto bate no veículo e não o levante ao passar pelo veículo;

3. Depois que o carro sair do seu caminho, continue dirigindo, acelerando conforme necessário para escapar.

O motorista abatido

Você já pensou no que faria se a pessoa que estava dirigindo seu carro fosse baleada em uma emboscada – ou talvez, mais provavelmente, tivesse um ataque cardíaco? Existe uma maneira simples de lidar com essa situação caso ela aconteça com você.

1. Seu motorista está inoperante. Segure a parte de trás do banco ou a alça acima da janela do lado do motorista para que você tenha alguma alavancagem;

2. Traga a perna direita ou esquerda (o que funcionar melhor para você) para o lado do motorista e use-a para operar o pedal do acelerador. Se necessário, empurre a perna do motorista para o lado;

3. Dirija com segurança.

Mais uma vez, espero que você nunca precise usar nenhuma dessas manobras evasivas na vida real, mas como este mundo é tão imprevisível, nunca se sabe.

12

DEFENDENDO-SE

Armas e táticas importantes de autodefesa

Bruce Lee, um dos artistas marciais mais famosos de todos os tempos, disse: "Não temo o homem que praticou dez mil chutes uma vez, mas o que praticou um chute dez mil vezes". Dominar as táticas de autodefesa não é saber tudo – é ser bom em algumas técnicas simples, de modo que, caso as use, você possa executá-las perfeitamente. Muitas das situações que vou descrever neste capítulo podem ser resolvidas usando técnicas muito semelhantes. Recomendo que você pratique essas técnicas por dois minutos todos os dias. Se você se comprometer a praticar apenas dois minutos por dia, acabará descobrindo que pode executar essas manobras sem sequer pensar nisso. Basta escolher uma para começar e passar para uma nova assim que se sentir confortável com ela. Embora eu espere que você nunca se depare com uma situação perigosa, as habilidades que você aprenderá neste capítulo podem salvar sua vida ou a de um ente querido.

Fuja para ficar em segurança

Mesmo sendo um cara muito capaz – eu treino seis dias por semana –, nunca vou me colocar em uma situação em que tenha que lutar. Eu sempre faria questão de apaziguar a situação e usaria essas táticas apenas se realmente precisasse. Saiba também que o objetivo é criar uma situação na qual você possa escapar e obter ajuda. Embora possa ser necessário continuar dando socos ou esfaquear alguém, se a situação permitir, é sempre melhor escapar e pedir ajuda.

É SEMPRE MELHOR ESCAPAR E PEDIR AJUDA.

A sigla ETGS (escapar para ficar em segurança) ajudará você a lembrar o que fazer se estiver sendo atacado. Esses princípios podem ser usados na maioria dos cenários sobre os quais falo neste capítulo:

E – Escape = *eyes* (olhos): você pode arrancar ou cutucar os olhos do agressor.

T – To = *throat* (garganta): você pode atingir o agressor na garganta ou laringe. Um golpe aqui fará a pessoa tropeçar para trás.

G – Gain = *groin* (virilha): se o agressor estiver na sua frente, chute a pessoa na virilha.

S – Safety = *shin* (canela): você pode chutar o agressor repetidamente na canela. Se a pessoa estiver de bermuda, você pode esfregar o pé com força contra a pele.

Vou explicar como lidar com algumas situações sérias caso elas surjam. No entanto, as coisas mais importantes a lembrar são sair do X, não congelar e, como você verá, controlar a ameaça. Depois de fazer isso, sua prioridade número um em qualquer situação de emergência é fugir e obter ajuda.

A situação: alguém agarra seu braço e tenta arrastar você

É essencial que você ensine essa tática aos seus filhos – todos na sua família devem saber o que fazer se alguém agarrar seu braço e tentar arrastá-lo para algum lugar. A primeira coisa que você precisa fazer é lutar. Embora a reação natural seja recuar, isso só vai colocá-lo em um cabo de guerra com o agressor. Em vez disso, você deve avançar, trazendo abruptamente o cotovelo para cima e na direção do rosto do agressor. Empurrar o cotovelo para cima quebrará a trava que ele prendeu em seu braço e você poderá escapar em segurança.

Para crianças pequenas

Se estivermos lidando com crianças pequenas ou mesmo com um agressor muito forte, há um elemento adicional que irá quebrar o bloqueio. Se você não conseguir erguer o braço para quebrar o aperto do agressor, leve a mão oposta para agarrar o braço que o agressor está segurando. A alavancagem adicional do braço oposto ajudará a quebrar a pegada.

A situação: você é agarrado por trás em um abraço de urso

Você está correndo em seu caminho favorito quando alguém pula dos arbustos e o agarra em um abraço de urso. Nesse caso, em vez de tentar correr para a frente, dê um grande passo para trás para desequilibrar o agressor. Ao mesmo tempo, você começará a dobrar os dedos dele para trás, de preferência quebrando-os. Os dedos menores são especialmente fáceis de machucar. Eventualmente, depois de ter causado danos suficientes nas mãos, o agressor irá soltar. Nesse ponto, você pode dar uma cotovelada no pescoço ou estender a mão para trás e atingir a virilha e depois correr para um local seguro.

Se o agressor tentar levantar você

Se o agressor tentar levantar você inclinando-se para trás e erguendo-o, prenda sua perna atrás da dele, o que o impedirá de agarrá-lo bem. Então a técnica é a mesma como se você fosse agarrado em um abraço de urso. Comece a dobrar os dedos até que o agressor solte e você possa escapar.

A situação: um agressor agarra seu cabelo de frente

Embora isso seja algo com que as mulheres precisam se preocupar mais do que os homens, saiba que ainda é possível agarrar alguém pelo cabelo, mesmo que seja muito curto. Se alguém se aproximar pela frente e agarrar seu cabelo, saiba que ele está se colocando em uma boa posição para você atacar de volta. E porque ele está na sua frente, você sabe exatamente o que o agressor está fazendo. Você também sabe que ele não pode atacá-lo com a mão que está segurando seu cabelo. Nessa situação, você vai se lembrar do que falamos no início do capítulo: escapar para ganhar segurança. Aqui as letras da sigla fornecem as pistas sobre o que fazer. Como o agressor está à sua frente, você pode atacar de volta com uma enxurrada de golpes. Lembre-se de ETGS: olhos, garganta, virilha e canelas.

Depois de lançar uma saraivada de golpes no agressor e se libertar, corra para uma área movimentada, fazendo o máximo de barulho possível.

Seu cabelo é agarrado por trás

Embora você não consiga ver seu agressor nessa situação, você ainda sabe exatamente onde ele está. É importante não se afastar dele. Em vez disso, estenda a mão e segure as mãos dele, segurando-o o mais firmemente possível. Comece a girar, ainda o segurando com força, até ver que o braço dele está dobrado para trás. Nesse ponto, você pode arrancar as mãos dele, atacar usando o ETGS e fugir.

A situação: alguém prendeu você em um estrangulamento

Embora alguém tentando estrangulá-lo seja obviamente uma situação séria da qual você precisa sair imediatamente, essa técnica também funcionará se alguém estiver apenas agarrando sua camisa de maneira ameaçadora. Essa técnica é incrivelmente simples, mas eficaz. Para ter certeza de que você sabe como fazer isso, se precisar, observe o espaço no pescoço onde há um recuo. É muito sensível, e é aí que você vai atingir seu agressor. Quando as mãos da pessoa atingirem seu pescoço, simplesmente enfie dois dedos rápida e firmemente na reentrância do pescoço da pessoa. Eu garanto a você, a pessoa vai engasgar, seu queixo vai cair e ela vai dar um passo para trás, dando a você a oportunidade de escapar.

A situação: alguém vai dar um soco em você

Então, o que você faz se encontrar alguém que parece que vai bater em você? Eu, pessoalmente, sempre mantenho minhas mãos para cima quando alguém entra no meu espaço pessoal, apenas para ficar atento e estar pronto. Não vou fazer isso de forma ameaçadora – não quero agravar uma situação agindo de forma ameaçadora. Você está basicamente colocando uma barreira para poder reagir rapidamente se precisar. Digamos que um cara dê um daqueles grandes socos em sua direção – como se ele estivesse tentando arrancar sua cabeça. O que você vai fazer é manter os braços dobrados para cima, de modo que possa bater no braço dele quando ele der o soco. Agora você está em uma boa posição para se virar para o agressor e atingi-lo no pescoço. Nesse ponto, você pode entrar na briga ou correr para a segurança. Essa técnica o coloca em uma boa posição para atingir o agressor na incisura occipital ou no ponto da parte de trás da cabeça onde a coluna encontra o crânio. Deve-se notar que um tapa na incisura occipital é extremamente desorientador.

Se o soco for direto

A técnica que você usará se um soco vier direto para você é um pouco diferente. Se você se sentir ameaçado, vai querer levantar os braços (novamente, não agrave a situação colocando os braços para cima de forma ameaçadora) até a altura dos ombros. Quando o soco vier direto na sua direção, você dobrará os antebraços para cima a fim de que o soco caia bem na ponta do cotovelo.

Bater com força no cotovelo realmente vai machucar o agressor – essa manobra pode facilmente acabar quebrando os dedos dele. Se você quiser imaginar como é isso, pense em como seria se fechasse o punho e socasse o canto da mesa da sala de jantar o mais forte que pudesse. Assim que o agressor acertar seu cotovelo ou possivelmente quebrar os dedos, você pode usar alguns dos movimentos dos princípios do ETGS ou simplesmente correr para um local seguro.

O que você precisa saber sobre como escolher e usar armas

A caneta tática

Como mencionei no Capítulo 3, a caneta tática é um dos meus itens favoritos para carregar comigo. Você pode levá-la para qualquer lugar (incluindo aviões), e é uma boa opção para aqueles que não se sentem preparados para carregar uma faca ou uma arma ou que moram em algum lugar onde isso é proibido. A caneta tática que uso parece bastante inofensiva, mas se você a examinar mais de perto, notará que ela tem alguns recursos que uma caneta comum não possui. É muito mais espessa e pesada do que uma caneta normal (é feita de alumínio para aviação), mas o mais importante é que a extremidade inferior dela tem uma ponta afiada. Não se preocupe, ela não é tão afiada a ponto de você se cortar se abrir a bolsa ou a maleta do laptop para pegá-la – mas você consegue causar sérios danos com essa ponta da caneta. Na aula que dou sobre como se defender com uma caneta tática, sempre demonstro como elas são resistentes, martelando uma delas em um bloco de gelo. Uma caneta normal é esmagada – mas com apenas alguns golpes com o martelo, a caneta tática que uso realmente divide um bloco de gelo ao meio. Essas canetas são fortes. Você não apenas pode ferir um agressor esfaqueando-o ou espetando-o com uma caneta, mas também pode usá-la para quebrar vidros em uma emergência.

A caneta tática certa

Eu testei todas as canetas táticas que existem, e a minha favorita custa US$ 35 (elas variam de US$ 10 a até US$ 300). Você pode ver a caneta tática que uso em TacticalSpyPen.com. Seja qual for a caneta que decidir comprar, certifique-se de considerar o seguinte:

> Compre qualidade (essa é uma regra de ouro para todas as armas);

> Deve ter uma ponta de metal sólida para golpear;

> Deve ter um clipe para prender no bolso da calça ou dentro da calça (não vai adiantar nada se estiver no fundo da sua bolsa ou maleta);

> Deve ter uma ponta plana na tampa a fim de permitir boa aderência e para que você possa colocar o polegar para golpes de potência extra;

> Deve escrever bem e ter tinta recarregável para que possa usá-la por muito tempo.

O aperto

A primeira coisa que você precisa saber sobre como se defender com uma caneta tática é como segurá-la corretamente. É possível usar o aperto de mão. Pense na pegada por baixo como se estivesse segurando uma espada e a golpeando em alguém. No entanto, você verá que com essa empunhadura, na verdade, você não tem muita alavancagem. Vai ser mais difícil causar danos sérios dessa maneira. Ou você pode usar o punho do picador de gelo (também conhecido como punho reverso). O punho do picador de gelo oferece mais controle sobre a caneta e mais força ao golpear. Como acabei de mencionar, você deve ter o polegar em cima da caneta para ter mais apoio.

Onde carregar sua caneta tática

Isso é muito importante. Sua caneta tática deve estar acessível se for necessário. Você não pode ficar procurando por ela se estiver em uma situação perigosa. Gosto de carregar minha caneta tática presa no interior do bolso frontal direito da calça. Funciona para mim e sempre sei onde procurá-la caso precise usá-la. Onde quer que você decida carregá-la, seja consistente com essa escolha. Você precisa disso para desenvolver a memória muscular, a fim de saber automaticamente onde encontrá-la. Alguns lugares em que você pode prender a caneta e mantê-la acessível são o bolso da calça, a gola de uma camiseta, a alça de uma bolsa ou a parte interna da calça.

Utilizando a caneta

Este é um processo simples de três etapas:

1. Segure a caneta;
2. Coloque-a para cima;
3. Movimente-a diretamente para fora (quase como se estivesse puxando uma arma).

É bom praticar a utilização de sua caneta tática como se estivesse em uma variedade de situações ameaçadoras. Pratique puxar sua caneta rapidamente em uma variedade de situações simuladas – em pé, de costas, enquanto caminha, ao sair do caminho (ou do X), se alguém o tiver em um abraço de urso ou se houver uma pessoa caminhando em sua direção. Se você não conseguir levantar e tirar a caneta de nenhuma dessas posições, precisará encontrar um local diferente para carregá-la. Uma ótima maneira de praticar é pedir a um amigo ou familiar que segure uma caixa de pizza usada. Pratique puxar sua caneta para cima e para fora e bater na caixa.

Usando sua caneta tática para desviar de um soco

Já vimos como se defender se alguém der um soco em você, mas a caneta tática adiciona um elemento novo. Se você estiver em um lugar onde se sinta desconfortável – andando por um bairro violento ou em um bar ou restaurante, e alguém está olhando para você de forma estranha –, pegue sua caneta tática. Como você sempre deve apaziguar uma situação, não deve segurar a caneta de uma forma ameaçadora. Você deve segurá-la discretamente na mão, deixando-a apoiada no antebraço para que o potencial agressor não a veja. Se o agressor desferir um soco lateral em você, use a técnica que descrevi anteriormente, levantando o braço para bloquear o soco. No entanto, use a outra mão – a que segura a caneta tática – para estender e golpear com firmeza o agressor na axila ou nos músculos peitorais. Isso vai doer.

Se o soco vier direto para você

Novamente, você usará a mesma técnica que usaria se alguém estivesse dando um soco direto em você. Nesse caso, entretanto, irá girar a mão com a caneta tática para cima, de forma que o soco do agressor caia bem na ponta da sua caneta. Como pode imaginar, isso não será agradável.

Carregando uma faca: o que você precisa saber

Como sempre, você precisa estar familiarizado com o que é legalizado carregar em seu estado. Certifique-se de investigar a legalidade de carregar uma faca onde você mora antes de começar a carregar uma. Como acontece com a maioria das coisas, precisa descobrir o que funciona para você. Há algumas coisas que deve considerar antes de comprar uma faca:

> Onde você vai carregá-la? Em seu cinto? No seu bolso?

> Que tipo de roupa você usa? Se usa jeans na maioria dos dias, pode manusear uma faca com uma borda mais áspera. Se usa ternos, vai rasgar o tecido e vai precisar de uma faca com cabo mais liso.

> Como você vai armar a faca? Manualmente ou quer um abridor automático?

> Quão pesada pode ser?

> Quão grande pode ser?

Não se esqueça da manipulação

A maioria das pessoas não pratica isso, mas é crucial saber como tirar sua faca da maneira correta e colocá-la em ação. Certifique-se de aprender com um profissional treinado a técnica adequada para manipular sua faca. Manipular sua faca deve ser instintivo, de forma que você não precise pensar duas vezes se estiver envolvido em um ataque.

É importante que você selecione uma faca com a qual se sinta confortável para carregar todos os dias. Seja consistente. Em uma situação de emergência, você não quer parar e pensar: "Que faca estou usando hoje?". Você deve saber o que está carregando o tempo todo e como manipulá-la.

Saia do X em um ataque de faca

Vamos dar uma olhada em alguns passos básicos que o movem para fora do X caso você seja atacado por alguém com uma faca. Um bom treinamento de defesa com faca é baseado em triângulos; tem tudo a ver com movimentos angulares. A única situação em que você avançaria em um combate é se estivesse empurrando alguém com muita força em um ataque de faca.

A matriz do trabalho de pés

Se você quiser praticar esse movimento, pode colocar fita isolante no chão. Você vai fazer uma grande letra X com uma linha horizontal no meio. É como se você estivesse gravando um enorme asterisco no chão. Isso fornece algumas orientações para quando estiver praticando sair do X para todos os movimentos seguintes, seja avançando, recuando ou desviando.

O triângulo para a frente

O triângulo para a frente lhe dá espaço, porque você está saindo do alvo para um lado enquanto avança. Você está dando um passo de 45 graus em relação à ameaça que se aproxima. Esse movimento é muito simples. Se quiser se mover para a esquerda, sua perna esquerda sairá primeiro da linha. Se estiver se movendo para a direita, sua perna direita se move primeiro. Você dá um passo para o lado que o afasta da ameaça. Esse movimento coloca você em uma posição para evitar o dano recebido do agressor. Seu trabalho de pés o traz para onde você pode causar danos e, em seguida, recua para evitar danos. Um benefício adicional desse movimento é que ele o coloca na posição de usar os quadris para obter mais força se precisar acertar o agressor com força. Apenas tenha em mente que você deve permanecer em equilíbrio enquanto se move para a frente e para trás dessa maneira.

Movimento para trás

Você também pode se mover para trás a partir do centro no mesmo ângulo de 45 graus para se manter longe da ameaça. Você só precisa praticar movendo seu corpo confortavelmente para a frente e para trás, acostumando-se com a sensação dos movimentos. Se você se deparar com uma ameaça, não terá tempo para pensar em qual caminho percorrer.

Mover lateralmente e girar

Você também pode se mover de um lado para o outro se a ameaça estiver vindo diretamente da sua frente. Dê um passo para o lado e gire, girando o corpo rapidamente para trás.

Saiba mais sobre a defesa com faca

Aprender a se defender com uma faca é um negócio sério que requer habilidade e prática. Eu recomendo fortemente que, se você quiser aprender mais sobre habilidades com facas, verifique meu treinamento em TwoSecondSurvival.com e encontre um centro de treinamento respeitável em sua área. Esse treinamento pode proporcionar muita tranquilidade – pois você saberá exatamente o que fazer caso encontre uma faca em suas costas enquanto estiver no caixa eletrônico ou uma em sua garganta enquanto alguém estiver tentando roubar seu carro. O treinamento adequado com facas também ensinará como fazer o seguinte:

> Desarmar um agressor com uma faca se ela estiver em sua garganta, peito ou costas;

> Desarmar um agressor que está roubando seu carro usando a alavanca do seu volante;

> Desarmar um invasor que pode estar escondido no banco de trás do seu carro – isso é possível mesmo se o carro estiver em movimento;

> Desarmar um invasor que invadiu sua casa enquanto você dormia e está com uma faca em sua garganta;

> Atacar alguém em situações de força letal usando alvos vitais como a artéria braquial, a jugular interna, o coração e o estripamento.

O que um ex-oficial da CIA faz para ficar em forma?

As pessoas esperam que um ex-agente da CIA tenha uma rotina de exercícios digna de Rambo.

A verdade é que meu treino é muito mais simples do que isso – mas muito eficaz. Qualquer um pode fazer isso. Eu gostaria de ser o tipo de pessoa que adora correr ou malhar, mas não sou. Faço por necessidade, por vários motivos. Vou começar com os cenários extremos de por que acredito que você precisa estar em forma. Se o mundo estiver acabando ou eu estiver no meio de um desastre natural, quero conseguir fugir a pé sem me cansar depois de dez passos. Se eu tiver que caminhar vários quilômetros com meu kit de 72 horas nas costas, não quero ter nenhum problema com os vinte e dois quilos extras que estou carregando.

Também quero poder fugir em uma situação de crise de curto prazo. Se algum dia eu estiver em um estacionamento e alguém apontar uma faca ou uma arma para mim, quero ser capaz de sair rapidamente da linha de fogo e me defender. E se você estiver no shopping e ouvir tiros do outro lado, onde seu cônjuge ou filhos estão fazendo compras? Obviamente, você deseja chegar ao outro lado do shopping o mais rápido possível sem sofrer um ataque cardíaco. Essa simples rotina de exercícios lhe dará o poder explosivo para se mover rapidamente em uma situação de emergência.

Segunda-feira: faço um treino de alta intensidade. Corro rápido por quinze a trinta segundos e depois faço uma pausa de sessenta segundos. E quando digo que corro rápido, é rápido *mesmo*. Você está dando tudo o que tem por aqueles quinze a trinta segundos e, se você não está bufando e sentindo vontade de morrer, então não está se esforçando o suficiente. Eu faço isso cinco vezes e depois faço uma caminhada de cerca de um quilômetro para desacelerar.

Terça-feira: faço uma corrida leve de três quilômetros e meio. Durante essa corrida, não dou o meu máximo, mas consigo suar bastante.

Quarta-feira: mais um dia de treino de alta intensidade. Cinco corridas rápidas de quinze a trinta segundos com um período de descanso de sessenta segundos após cada uma. Desacelere com uma caminhada de um quilômetro.

Quinta-feira: outra corrida longa, correndo por três quilômetros e meio.

Sexta-feira: Outro dia de alta intensidade, a mesma rotina que faço na segunda e quarta-feira.

Obviamente, você pode modificar esse cronograma como quiser. Mas se você não faz nenhum tipo de exercício há muito tempo, eu consideraria mudar isso amanhã. Se você for como eu, não vai ser a coisa mais divertida do mundo, mas seu corpo vai agradecer. E você terá paz de espírito, sabendo que, se surgir uma crise, você estará fisicamente mais bem preparado para fugir para um local seguro.

AGRADECIMENTOS

Sou extremamente grato a tantas pessoas que tornaram este livro possível. Gostaria de agradecer a ██████████ pelos momentos divertidos que tivemos. Cuidado para não acabar morrendo onde quer que esteja hoje em dia. E não posso me esquecer de ██████████, que ██████████ ██████████. Há também ██████████ e ██████████, cujo louco ██████████ tornou tudo isso possível. E, por último, mas não menos importante, gostaria de agradecer a ██████████. Lembre-se da vez em que nós ██████████. Que passeio divertido aquele em que fizemos ██████████. E para todos que estão lendo isso, obrigado e mantenham-se seguros.

REFERÊNCIAS

ALDAX, Mike. "Texting While Walking around San Francisco? Watch for Muggers." *San Francisco Examiner*, 3 fev. 2011.

"American Serial Killer and Rapist Ted Bundy Was One of the Most Notorious Criminals of the Late 20th Century." *Bio*, A&E Networks Television, 2015.

"Armed Man Robs Senior Couple at Knifepoint in Hyannis Hotel Room." *CBS Boston*, 1 set. 2014.

"Attempted Kidnapping Thwarted in Downtown Redding, Police Say." *Record Searchlight*, 1 maio 2014.

BALKENBUSH, Molly. "Woman Claims Cab Driver Robbed, Raped Her." *Fox 4 Kansas City*, 1 out. 2014.

BARNES, Iris. "Bank Robbery and Fake Bomb Threats Are Connected, According to Grenada Police." *NewsMs.*, 8 set. 2014.

BAUER, Jennifer. "Officials: Woman Carjacked at Stoplight." *Click2Houston*, 22 out. 2012.

BEARMAN, Joshuah. "How the CIA Used a Fake Sci-Fi Flick to Rescue Americans from Tehran." *Wired*, 24 abr. 2007.

BELLWARE, Kim. "Bogus Chicago Taxi Driver Scams Chinese Student Out of $4,240 in Cab Ride Ruse." *Huffington Post*, 3 set. 2013.

BENJAMIN, Kathy. "60% of People Can't Go 10 Minutes Without Lying." *Mental Floss*, 7 maio 2012.

BENNETT, Erica. "Neighbor Spots Potential Burglar Parked Outside Orange Park Home." *CBS 47 Jacksonville*, 7 jul. 2014.

BENNHOLD, Katrin. "Years of Rape and 'Utter Contempt' in Britain." *New York Times*, 1 set. 2014.

BENTZ, Leslie. "Report: Naked Woman Distracts Man as Her Accomplice Robs His House." *CNN*, 10 jul. 2013.

BLOXHAM, Andy. "British Students Gang Raped on Caribbean Island." *Telegraph (UK)*, 18 maio 2011.

"Bronx Woman Followed Home, Sexually Assaulted, Police Search for Suspect." *ABC 7 Los Angeles*, 3 out. 2013.

BOYLE, Louise. "Girl, 15, Crushed to Death by Truck After She Stumbled Off Curb While Distracted by Her Phone." *Daily Mail (UK)*, 31 jan. 2014.

BRUMFIELD, Ben; ALMASY, Steve. "Passengers Cry and Pray as Smoke-Filled Plane Rattles to Emergency Landing." *CNN*, 19 set. 2014.

BUCKTIN, Christopher. "Terrifying Photo Shows Woman Hiding on Roof from Intruder – Then He Appears Behind Her." *Daily Mirror (UK)*, 25 set. 2014.

"Capturing Whitey Bulger: How the FBI Finally Caught Up with the Country's No.1 Most Wanted... and It Was All Thanks to a Boob Job and a Stray Cat." *Daily Mail (UK)*, 25 nov. 2013.

"Car Found After Woman Beaten, Carjacked at Phipps Plaza." *WSB-TV 2 Atlanta*, 5 ago. 2014.

CARRASCCO, Tracee. "Mysterious Tape or Delivery Slip on Your Home? It Could Be Burglars Doing Recon." *CBS New York*, 24 jul. 2014.

"Cary Police Seek Sexual Assault Suspect." *Raleigh (NC) News & Observer*, 14 abr. 2014.

CHIN, Alyssa. "Car Stolen While Left Warming Up." *KKTV 11*, Colorado Springs/ Pueblo, 5 jan. 2014.

CHRISTIAN, Susan. "Burning Memories: Ten Years Later, Survivors Continue to Relive the MGM Grand Fire. 'Once You've Been Through an Experience Like That, It Stays with You Forever.'" *Los Angeles Times*, 18 nov. 1990.

"Cops: Fake Cabbie Tries to Rape Woman in Front of Kids in New York City." *Crimesider, CBS News*, 28 ago. 2014.

COUNTS, John. "Police Arrest Ann Arbor Man They Believe Attempted to Sexually Assault U-M Student." *MLive Michigan*, 8 maio 2014.

"Couple Robbed by 3 Men in Md. Hotel Room." *WUSA 9 Washington, DC*, 1 out. 2012.

COURTENAY-SMITH, Natasha. "I Lost Three Best Friends and Almost Died in the Tsunami... How Could My Husband Then Walk Out on Me?" *Daily Mail (UK)*, 24 dez. 2009.

"Crimetracker: Wanted Suspects Faked Car Trouble, Robbed Victims." *WVLT Knoxville*, 13 maio 2013.

"Crying Woman Tricks Tourists into Opening Motel Door." *WFTV 9 Orlando*, 19 maio 2009.

DEWAN, Shaila; ROBERTS, Janet. "Louisiana's Deadly Storm Took Strong as Well as Helpless." *New York Times*, 18 dez. 2005.

DIAZ, Mario. "Man Charged in SI Home Invasion That Left Elderly Man Dead, Wife Injured." *WPIX TV New York*, 1 set. 2014.

DOWLING, Courtney. "We Survived Two Home Invasions in Three Years." *Insight Orlando*, 6 maio 2014.

ELLISON, Annie. "Woman Recalls Being Kidnapped by Kelly Swoboda." *KOIN Portland*, 30 abr. 2014.

FASICK, Kevin; SHEEHAN, Kevin. "Busted NJ Carjack Suspects Have Long Rap Sheets." *New York Post*, 21 dez. 2013.

FERNANDEZ, Manny; COWAN, Alison Leigh. "When Horror Came to a Connecticut Family." *New York Times*, 6 out. 2007.

"The Fire This Time." *People*, 25 fev. 1991.

FLEECE, Larry; YOST, Chip. "San Clemente 'Distraction' Robbery Nets $200,000." *KTLA Los Angeles*, 10 jan. 2013.

FREUND, Helen. "Reserve Couple's Bodies Were Bound by Rope, One to Kettlebell, Police Say." *New Orleans Times-Picayune*, 2 abr. 2014.

FRICK CARLMAN, Susan. "Erin Sarris: 'I Knew Something Was Wrong." *Naperville Sun*, 19 abr. 2014.

"Fugitive Doctor Gets Prison for Massive Patient Fraud." *New York Daily News*, 13 out. 2012.

"Fugitives from Colorado Springs Arrested in Walsenburg After Crash." *KKTV Colorado Springs/Pueblo*. 9 jan. 2014.

GEORGE, Justin. "Many Vehicles Stolen in Baltimore Are Left Running, Police Say." *Baltimore Sun*, 19 jul. 2014.

GOLDSTEIN, Joseph. "At Manhattan Restaurant, a Robbery and an Oblivious Customer." *New York Times*, 15 set. 2014.

GOLDSTEIN, Sasha. "Ala. Man Runs over, Kills Grandmother as Horrifed Daughter, Grandson Watch: Police." *New York Daily News*, 27 jun. 2014.

GOODNOUGH, Abby. "Crime Boss in Hiding Found Time for Travels." *New York Times*, 27 jun. 2011.

GRIMM, Andy. "Nearly 7 Years for Sinus Doctor in Medical Fraud." *Chicago Tribune*, 12 out. 2012.

HARSHBARGER, Rebecca; FREDERICKS, Bob. "Texting Comic Run Over by Train Finds the Funny Side." *New York Post*, 14 fev. 2014.

HASNIE, Aishah. "Don't Ignore Door Knock, Says Sheriff after Attempted Break-in." *Fox 59 Indianapolis*, 28 ago. 2014.

HEATH, Brad. "The Ones That Get Away." *USA Today*, 21 out. 2014.

HOBSON, Alex. "Two Tampa Teens Found Dead, Tied Together, on Road in Jacksonville." *WFTS Tampa Bay*, 18 set. 2014.

HOLLIDAY, Ian. "'I Was Furious': Good Samaritan Duped by Scam Artists." *CTV News Vancouver*, 8 jul. 2014.

HOPPER, Brandi. "Police: 'Polite' Home Invasion Suspects Entered through Open Garage Door." *Fox 59 Indianapolis*, 18 dez. 2013.

HRUBY, Patrick. "Ex-CIA Disguise Experts Putting a Human Face on Oft-maligned U.S. Spies." *Washington Times*, 27 set. 2011.

HUBER, Mark. "How Things Work: Evacuation Slides." *Air & Space*, nov. 2007.

"'I Knew Something Was Terribly Wrong.'" *NPR*, 29 set. 2013.

IRBY, Kate. "Suspect Impersonating Police Officer Tells Bradenton Woman to Get in His Car." *Bradenton (FL) Herald*, 15 set. 2014.

JEFFERSON, Steve. "Cars Stolen, Woman Shot during Indianapolis Home Invasion." *WTHR 13 Indianapolis*, 29 out. 2013.

"Judge Rules Scott Peterson to Stand Trial." *CNN*, 7 jan. 2004.

KAMM, Grayson. "Nurse Carjacked While Reading Bible." *11 Alive Atlanta*, 3 jun. 2014.

KLIMAS, Liz. "Good Samaritan's Seless Act Ends with a Gun to His Family's Head." *Blaze*, 6 nov. 2013.

LAWRENCE, Tom. "Rescued... Family Trapped in Snow Tomb for 2 Days." *Daily Express (UK)*, 24 dez. 2011.

LEHMAN, Pamela. "Springfield Township Police Said Woman Robbed of Jewelry and Rifie in Distraction Burglary." *Allentown (PA) Morning Call*, 17 jul. 2014.

LOHR, David. "Carlesha Freeland-Gaither Missing: Shocking Video of Woman's Abduction." *Huffington Post*, 4 nov. 2014.

LOHR, David. "Christopher Newsom, Channon Christian Remembered, 6 Years after Horrific Torture Slaying." *Huffington Post*, 7 jan. 2013.

"Man Impersonating Officer in Manatee." *WTSP 10 News Tampa Bay*, 15 set. 2014.

MANN, Zarni. "Passengers Had 90 Seconds to Escape Crashed Plane." *Irrawaddy*, 27 dez. 2012.

MATAS, Kimberly. "3 Men Arrested in Deadly Tucson Home Invasion." *Arizona Daily Star*, 7 out. 2014.

MAZZETTI, Mark; COOPER, Helene; BAKER, Peter. "Behind the Hunt for Bin Laden." *New York Times*, 2 maio 2011.

MEDINA, Jennifer; LOVETT, Ian. "Bulger's Neighbors Knew a 'Nice' Couple Who Took Walks." *New York Times*, 23 jun. 2011.

MILLIGAN, Susan. "The Trouble with Uber." *U.S. News & World Report*, 15 jul. 2014.

MOFFET, Penelope. "Jet Crash Lingers in Memory: Survivor Recalls Horror of Disaster That Killed 582." *Los Angeles Times*, 27 mar. 1987.

MOORE, Tina; SIT, Ryan; SIEMASZKO, Corky. "Short Hills Carjacking Victim Died Defending Wife." *New York Daily News.*, 16 dez. 2013.

MORAN, Lee. "Teen Rams Vehicle into Police Car during Kidnap Attempt." *New York Daily News*, 27 mar. 2013.

MOSKOWITZ, Eric. "Carjack Victim Recounts His Harrowing Night." *Boston Globe*, 25 abr. 2013.

NAGOURNEY, Adam; LOVETT, Ian. "Whitey Bulger Is Arrested in California." *New York Times*, 22 jun. 2011.

NEUHAUSER, Alan. "Scam Artists Targeting Asian Tourists in Wine-Bottle Ruse, Police Warn," *DNAinfo: New York*, 26 mar. 2013.

NUZZI, Olivia. "Uber's Biggest Problem Isn't Surge Pricing. What If It's Sexual Harassment by Drivers?" *Daily Beast*, 28 mar. 2014.

"NYC: Taxi Drivers' Meter Scam Bilked Riders Out of $8.3M-Plus." *USA Today*, 13 mar. 2010.

NYE, James. "Almost Famous! Student Hired Own Bodyguards, Paparazzi and Entourage and Pranked New York into Believing He Was a World-Famous Celebrity." *Daily Mail (UK)*, 24 ago. 2012.

O'RIORDAN, Sean. "'Reconnaissance Units' Stake Out Houses for Burglar Gangs." *Irish Examiner*, 10 abr. 2013.

"Oregon Sicko Who Stalked Women from 'Moveable Dungeon' Died in Shootout." *New York Daily News*, 22 abr. 2014.

ORTEGA, Ralph R.; HEPP, Rick. "Trucker Tells How He Killed Woman in Bloomsbury." *Newark Star-Ledger*, 4 out. 2008.

PADILLA, Cecilio. "Physician Assistant Allegedly Rigs Car for Kidnappings and Rapes." *FOX 40 Sacramento*, 9 out. 2013.

PANGYANSZKI, Jennifer. "3 Days of Death, Despair and Survival." *CNN*, 9 set. 2005.

PAPENFUSS, Mary. "Laci Hubby in Wacky Makeover New Hair and Beard – Plus Eye for Border?" *New York Daily News*, 20 abr. 2003.

PARASCANDOLA, Rocco; WILLIS, Kerry. "Hunt 3 in Savage Bx. Slaying." *New York Daily News*, 21 dez. 2011.

PATEL, Tina. "Driver: Brazen Thief Reached in, Stole iPad While I Was Meditating in Car." *Fox News*, 9 set. 2014.

PAWULA, Larissa. "The Smart Murder." *Portsmouth Herald*, 27 mar. 1991.

PERLEBERG, Mike. "Stranded Motorist Twice Scams Good Samaritan." *Eagle Country Online*, 21 mar. 2014.

PERSLEY, Mike. "Fake Taxi Driver Pleads Guilty to Scam, Stealing More Than $200,000." *DC Inno*, 4 ago. 2014.

PESTA, Abigail. "The Day My Husband Disappeared." *Marie Claire*, 15 mar. 2011.

PIERSON CURTIS, Henry. "Four Teen Girls Rob and Ram Victim to Party." *Orlando Sentinel*, 5 mar. 2012.

PIERSON CURTIS, Henry. "Tourist Shot in Hotel Robbery." *Orlando Sentinel*, 6 out. 1992.

"Police Find Stolen Car with 2-Year-Old Boy Inside." *CBS Minnesota*, 25 set. 2014.

"Police ID Suspect Who Posed as UPS Driver, Tied Up and Robbed Elderly Woman." *KMOV 4 St. Louis*, 28 maio 2013.

RENNELL, Tony. "'I Breathed Water and, Oh God, the Panic... Then the Tsunami Tore My Daughter from My Arms.'" *Daily Mail (UK),* 19 dez. 2009.

"Capturing Whitey Bulger: How the FBI Finally Caught up with the Country's No.1 Most Wanted... and It Was All Thanks to a Boob Job and a Stray Cat." *Daily Mail (UK),* 25 nov. 2013.

ROWSON, Kevin. "Georgia Good Samaritan Scammed by Couple She Helped." *USA Today*, 13 maio 2014.

RUIZ, Travis. "WANTED: Armed and Dangerous Home Burglars in Colorado Springs." *Fox 21 Colorado Springs*, 3 jan. 2014.

SACKS, Ethan. "Intruder Breaks into Mike Tyson's Hotel Room." *New York Daily News*, 5 jan. 2012.

SANTORA, Marc; CORREAL, Annie. "Man Dies in Carjacking at Short Hills Mall; 2 Suspects Are Sought." *New York Times*, 16 dez. 2013.

SANTORA, Marc. "A Knock on the Door, a Stranger, Then a Killing at a Rural Summer Home." *New York Times*, 25 ago. 2014.

SANTORA, Marc. "Man, 20, Is Charged With Fatal Stabbing in S. I. Home Invasion." *New York Times,* 1 set. 2014.

SATTERELD, Jamie; JACOBS, Don. "Details of Double Slaying Emerge." *Knoxville News Sentinel*, 13 jan. 2007.

SCOTT, Luci. "Gilbert School's Tiger Mascot Ignites Roar of Crowd." *Arizona Republic*, 18 fev. 2013.

SELTZER, Alexandra. "Police Say 'Bump and Rob' Crime Is Back, Ask Public to Be Aware of Surroundings." *Palm Beach Post*, 6 mar. 2014.

SHAROT, Tali. "The Optimism Bias." *Time*, 28 maio 2011.

"Southwest Flight Makes Emergency Landing at LAX." *USA Today*, 21 set. 2014.

SULLIVAN, Randall. "The World's Best Bounty Hunter Is 4-Foot-11. Here's How She Hunts." *Wired*, 17 dez. 2013.

SWALEC, Andrew. "Armed Robber in FedEx Jacket Hits Thompson Street Apartment," *DNAinfo*: *New York*, 6 jan. 2012.

TERRUSO, Julia. "Man Charged in Millburn Video Attack Committed Similar Offense 20 Years Ago." *Newark Star-Ledger*, 2 jul. 2013.

"Toledo, Ohio, Officials Warn against Drinking Toxic Tap Water." *CBS News*, 2 ago. 2014.

TUTTLE, Brad. "There's Just No Stopping Las Vegas Taxi Drivers from Overcharging Tourists." *Time*, 26 fev. 2014.

U.S. DEPARTMENT OF JUSTICE. "Carjacking, 1993–2002." *Crime Data Brief*, jul. 2004.

VEDANTAM, Shankar. "The Decoy Effect, or How to Win an Election." *Washington Post*, 2 abr. 2007.

VILLALON, Debora. "Target Employee Pivotal in Finding Abducted Child: 'I Knew Something Was Wrong,'" *Fox News Latino*, 8 jan. 2014.

WERBACH, Adam; HAMED, Saba. "The American Commuter Spends 38 Hours a Year Stuck in Traffi c." *Atlantic*, 6 fev. 2013.

WHITLOCK, Craig; GELLMAN, Barton. "To Hunt Osama Bin Laden, Satellites Watched over Abbottabad, Pakistan, and Navy SEALs." *Washington Post*, 29 ago. 2013.

"Why We Think Ignorance Is Bliss, Even When It Hurts Our Health." *NPR*, 23 jul. 2014.

WILLIAMS, David. "Drivers Urged to Be Aware of Potential Car-Theft Scam." *Telegraph (UK)*, 11 nov. 2009.

"Woman Carjacked at Red Light in Flint." *MLive Michigan*, 11 ago. 2011.

YANIV, Oren. "Taxi Driver Gets 20 Years for Raping Passenger." *New York Daily News*, 12 maio 2014.

ZUCCHINO, David; MASCARO, Lisa. "Snowed-In Atlanta: Drivers Trapped Overnight; Kids Sleep at School." *Los Angeles Times*, 29 jan. 2014.

SOBRE O AUTOR

Jason R. Hanson é um ex-oficial da CIA, especialista em segurança e vencedor do *reality show* da ABC, *Shark Tank*. Jason apareceu no *Today Show* e no *Dateline* e é um convidado frequente no *Rachael Ray Show*. Jason foi entrevistado pelos principais meios de comunicação por sua experiência em segurança, incluindo o *Wall Street Journal*, o *Fox News*, a *Forbes*, o *NPR* e o *Huffington Post*. Ele aconselha empresas Fortune 500 sobre seus protocolos de segurança e dirige uma empresa de proteção executiva e investigações. Ele atualmente mora em Cedar City, Utah, com sua família.